MÉTHODE

Très-aisée

POUR ENSEIGNER A LIRE

EN PEU DE TEMPS.

Les Exemplaires voulus par la loi ayant été déposés, le Propriétaire déclare qu'il poursuivra devant les Tribunaux tout contrefacteur, distributeur ou débitant d'éditions contrefaites.

LILLE, IMPRIMERIE DE MARTIN-MUIRON.

MÉTHODE
TRÈS-AISÉE
Pour enseigner à Lire
En Peu de temps,

SUIVIE D'UN CHOIX DE LECTURES MORALES EN PROSE ET EN VERS;

Par CAPELLE-GRIMBER,

BACHELIER ÈS-LETTRES ET MEMBRE DE L'UNIVERSITÉ.

Par cette appellation conforme aux principes des plus célèbres Grammairiens, les enfants et les étrangers apprennent facilement à lire le François, acquièrent une bonne prononciation, et parviennent plus promptement à la connoissance de l'Orthographe.

MARTIN-MUIRON, IMPRIMEUR-LIBRAIRE ET PAPETIER,
RUE DES MANNELIERS, N.° 6.

TABLE EXPLICATIVE.

PREMIÈRE DIFFICULTÉ.

	Pages.
Voyelles. On se contente de montrer les caractères E., H., sans les faire prononcer.	viij
Consonnes. On les prononce par le moyen d'une touche légère.	2
Voyelles et Consonnes.	4
Syllabes. Quand l'Elève ne sait pas les prononcer, on lui fait faire par une sorte d'appellation indiquée au-dessus.	5
Les mêmes Syllabes sans appellation.	8
Mots formés des Syllabes précédentes.	10
Phrases sur la première difficulté.	15

SECONDE DIFFICULTÉ.

Syllabes terminées par des consonnes.	23
Syllabes qui commencent et finissent par des consonnes.	24
Mots formés des Syllabes précédentes.	26
Phrases sur la seconde difficulté.	33

TROISIÈME DIFFICULTÉ.

Articulations doubles.	36
Syllabes formées de ces articulations.	37

vj

	Pages.
Mots formés des Syllabes précédentes.	39
Phrases sur la troisième difficulté.	45

QUATRIÈME DIFFICULTÉ.

Différentes manières de représenter les Voyelles.

Son *a*.	47
La demi-voyelle *e*.	48
Son *é*.	49
Sons *è*, *ê*.	50
Son *i*.	52
Son *o*.	53
Son *u*.	54
Son *eu*.	55
Son *ou*.	56
Son *an*.	57
Son *in*.	59
Son *on*.	60
Son *un*.	61

CINQUIÈME DIFFICULTÉ.

Diphthongues simples, composées, nazales.	62
Mots et Phrases sur la cinquième difficulté.	63

	Pages.
Mots où il n'y a pas de diphthongues.	67
Lettre *x*.	68
Lettre *y*.	69
Ent final.	70
Phrases pour servir d'exemples.	71
Mots où *ch* sonne *k*.	72
Différentes manières de prononcer *ti*.	74
Mots où *gn* a un son dur.	76

A	EH	É	È
a	eh	é	è
a	*eh*	*é*	*è*

Ê	IY	O	U
ê	iy	o	u
ê	*iy*	*o*	*u*

EU OU
eu ou
eu ou

AN IN ON UN.
an in on un.
an in on un.

(2)

B	P	V	F	PH	M
b	p	v	f	ph	m
b	*p*	*v*	*f*	*ph*	*m*

J	GE	CH	Z	S	Ç
j	ge	ch	z	s	ç
j	*ge*	*ch*	*z*	*s*	*ç*

D	T	TH	N	L	R	RH
d	t	th	n	l	r	rh
d	*t*	*th*	*n*	*l*	*r*	*rh*

G	GU	Q	QU	C	K	X
						QSE
g	gu	q	qu	c	k	x
g	*gu*	*q*	*qu*	*c*	*k*	*x*

IL	ILL	GN.
il	ill	gn.
il	*ill*	*gn.*

GU	**I**	**QU**	**Ç**	**X**	**M**
gu	i	qu	ç	x	m
É	**F**	**A**	**P**	**IL**	**K**
é	f	a	p	il	k
D	**J**	**È**	**TH**	**O**	**S**
d	j	è	th	o	s
U	**R**	**AN**	**Q**	**E**	**T**
u	r	an	q	e	t
L	**V**	**Y**	**G**	**UN**	**ILL**
l	v	y	g	un	ill
GN	**Ê**	**Z**	**H**	**N**	**IN**
gn	ê	z	h	n	in
B	**OU**	**RH**	**C**	**ON**	**PH**
b	ou	rh	c	on	ph
	EU		**GE**		**CH.**
	eu		ge		ch.

(5)

b-ê	b-a	b-i	b-é	b-in	b-eu	b-o
bê	ba	bi	bé	bin	beu	bo
b-u	b-on	b-è	b-an	b-ou	b-un	b-y
bu	bon	bè	ban	bou	bun	by
p-a	p-è	p-y	p-in	p-u	p-un	p-ê
pa	pè	py	pin	pu	pun	pê
p-eu	p-an	p-é	p-on	p-o	p-ou	p-i
peu	pan	pé	pon	po	pou	pi
v-i	v-ê	v-é	v-ou	v-in	v-è	v-an
vi	vê	vé	vou	vin	vè	van

	v-o	v-eu	v-un	v-on	v-a	v-u
	vo	veu	vun	von	va	vu

f-an	ph-u	f-o	ph-y	f-é	ph-a	f-on
fan	phu	fo	phy	fé	pha	fon
f-in	ph-un	f-ê	ph-è	f-eu	f-ou	f-i
fin	phun	fê	phè	feu	fou	fi
m-é	m-u	m-a	m-an	m-ê	m-eu	m-o
mé	mu	ma	man	mê	meu	mo
m-y	m-on	m-in	m-un	m-ou	m-é	m-i
my	mon	min	mun	mou	mé	mi
j-ou	g-y	j-an	j-eu	j-u	g-in	j-un
jou	gy	jan	jeu	ju	gin	j-un
g-è	j-a	g-ê	j-o	g-é	j-on	j-i
gè	ja	gê	jo	gé	jon	ji

(6)

ch-é	ch-y	ch-a	ch-è	ch-in	ch-on	ch-an
ché	chy	cha	chè	chin	chon	chan
ch-ou	ch-eu	ch-ê	ch-o	ch-u	ch-un	ch-i
chou	cheu	chê	cho	chu	chun	chi
d-in	d-on	d-ê	d-a	d-o	d-u	d-é
din	don	dê	da	do	du	dé
d-an	d-en	d-è	d-ou	d-un	d-i	d-y
dan	den	dè	dou	dun	di	dy
t-è	th-ou	t-a	t-hon	t-an	th-é	t-u
tè	thou	ta	thon	tan	thé	tu
th-o	t-eu	th-y	t-un	th-in	t-ê	t-i
tho	teu	thy	tun	thin	tê	ti
z-è	o-sa	z-i	a-sin	z-ê	é-so	z-on
zè	osa	zi	asin	zê	éso	zon
u-sé	z-u	i-san	z-eu	é-sou	o-zun	z-y
usé	zu	isan	zeu	ésou	ozun	zy
l-eu	l-in	l-y	l-an	l-é	l-a	l-ê
leu	lin	ly	lan	lé	la	lê
l-on	l-è	l-un	l-o	l-u	l-ou	l-i
lon	lè	lun	lo	lu	lou	li
r-an	rh-o	r-i	rh-é	r-è	rh-in	r-ê
ran	rho	ri	rhé	rè	rhin	rê
rh-u	r-ou	rh-a	r-eu	rh-on	rh-y	
rhu	rou	rha	reu	rhon	rhy	

(7)

n-i	n-u	n-è	n-an	n-on	n-eu	n-é
ni	nu	nè	nan	non	neu	né
		n-o	n-ou	n-a	n-ê	n-y
		n-o	nou	na	nê	ny

s-è	ç-o	s-in	ç-an	s-eu	{ c-è / sc-è }	s-ou
sè	ço	sin	çan	seu	{ cè / scè }	sou

c-i	s-a	ç-u	{ s-é / sc-é }	ç-a	s-y	sc-i
ci	sa	çu	{ sé / scé }	ça	sy	sci

g-o	gu-in	g-a	gu-é	gu-eu	g-ou	gu-i
go	guin	ga	gué	gueu	gou	gui
	gu-ê	g-an	gu-an	g-on	gu-on	gu-a
	guê	gan	guan	gon	guon	gua

c-an	qu-é	k-y	c-o	qu-in	c-u	qu-ê
can	qué	ky	co	quin	cu	quê
qu-eu	k-a	qu-on	c-un	qu-i	c-on	qu-e
queu	ka	quon	cun	qui	con	que

ill-a	ill-on	ill-é	ill-ou	ill-an	ill-eu	ill-o
illa	illon	illé	illou	illan	illeu	illo

gn-an	gn-é	gn-i	gn-a	gn-ê	gn-o	gn-eu
gnan	gné	gni	gna	gnê	gno	gneu
		gn-è	gn-in	gn-on		
		gnè	gnin	gnon		

ho	hu	hé	hi	hè	han	hon
hê	heu	hou	hy	ha	oh	ah

ho	illa	gnan	con	go	sé
ni	ran	leu	zè	té	din
ché	mé	fan	pa	bê	hu
can	ton	qué	ga	gné	oh
ço	nu	rho	bé	guin	osa
thou	lin	mu	tin	don	né
ja	vi	pè	ban	vê	py
bi	chon	fo	hi	gê	dê
du	gui	gnon	chy	ma	ba
mon	bon	chou	zi	nè	ly
sin	gni	hé	illon	ky	illê
co	tin	tê	tu	seu	rhé
nan	kin	usin	thon	cha	pon
da	man	pheu	vé	pin	ri
sa	tan	lan	ta	ché	gé
mê	bu	du	ca	fé	bin
von	çu	non	rhin	lé	éso
do	chin	jon	meu	sou	pé
phy	vin	pu	zê	hon	gou
rè	sê	gno	quê	illan	beu

mo	gè	illo	ga	gna	ci
ny	rhy	lou	ésou	thin	di
chun	jun	phon	vu	pan	bo
ha	illeu	gnin	guon	nê	reu
lu	zeu	tun	chu	gin	mé
fou	va	po	ti	ron	bun
hy	qui	gon	cé	neu	rhon
lo	osun	thy	dou	cho	ju
mou	phé	vou	pê	bou	illé
gnè	can	guan	seu	rou	lun
zu	teu	dè	chê	jeu	mun
feu	van	pon	ban	illon	gneu
ka	gan	çan	na	rha	lon
isan	tho	deu	cheu	jan	min
phon	veu	bè	hê	illou	euil
gnê	quon	guê	sy	nou	rê
lè	zon	tu	dan	gi	fé
vo	la	pan	usé	dé	çon
		pé	ril	ah.	

(10)

A-mi, é-té, i-ci, ô-té, u-sa, a-veu, in-du, jou-jou, a-lun, â-gé, a-fin, é-cu, â-non, é-lan, é-mu, u-ni, o-sé, a-pi, é-chu.

Pa-pa, ma-man, bo-bo, da-da, fan-fan, ma-lin, mi-nou, po-li, mou-lin, jo-li, lu-tin, can-di, mi-lan, sa-lon, voû-té, sa-von, co-ton, bi-chon, fon-du, mû-ri, can-ton, mu-ré, mu-tin, fu-mée, bê-lé, ju-ré, tâ-té, tê-tu, ha-ché, han-té, ca-pon, cou-pé, con gé, co-lin, fon-cé, to-ton, mi-mi, ma-non, ra-vi, ra-vin, hé-ron, hi-bou, cou-cou, pou-pée, pâ-mé, vê-tu, bi-don, mou-ton, ca-gou, hâ-té, ci-ron, bou-ché, ha-ro, ta-rin, gi-ron, su-çon, pi-gnon, co-quin, fo-hi, ma-çon, Ma-con, zé-ro, ty-ran, Ro-han, cha-pon, co-gnée, bou-illon, gué-ri, ga-gna, bé-guin, ca-illou, cha-cun, dé-jà, ge-nou, mou-illé, re-çu, vé-cu, chi-gnon, gui-gnon, guin-dé, ba-bil, Ma-hon, du-ché, cou-sin, ran-çon, jon-ché, sou-ci, ko-va, fa-quin, san-guin, bou-illi, co-hue, rou-gi, gue-tté, pa-ru, dé-chu, fa-llu, va-lu, vou-lu.

É-vê-ché, é-ri-gè, a-bo-li, a-ban-don, u-si-té, a-vi-li, in-gé-nu, hé-si-té, é-qui-pé, é-chi-né, a-ma-dou, a-ni-mé, a-ca-jou, é-ra-illé, a-vi-ron, é-pan-ché, é-tan-ché, ré-pan-du, é-ga-ré, chi-co-rée, a-zu-ré, ou-ra-gan, i-non-dé, i-nhu-mé, é-cou-té, o-cé-an, o-bé-i, ca-ca-o, a-é-ré, hé-bé-té, con-su-mé, dé-jeu-né, dé-chi-ré, i-so-lé, dé-so-lé, chi-co-tin, con-ti-nu, zi-za-nie, dé-gui-sé, dé-pou-illé, é-hon-té, dé-han-ché, ja-lou-sie, pa-illa-sson, ho-ri-zon, quin-qui-na, Ché-ru-bin, Sé-ra-phin, ho-que-ton, hy-me-née, Do-ro-thée, Sé-vi-gné, quan-ti-té, u-ni-té, qua-li-té, ré-é-lu, Jé-ré-mie, gué-ri-son, eu-pho-nie, Ti-mo-thée, in-di-gné, fa-ti-gué, dé-si-ré, mo-ti-vé, con-ju-ré, ma-la-die, po-é-sie, hé-ri-sson, ca-du-cée, cou-ro-nné, é-ti-sie, é-tou-ffé, ra-ssu-ré, ca-pu-chon, Si-lé-sie, fé-mi-nin.

Ca-la-mi-té, ré-i-té-ré, phi-lo-so-phie, ma-ho-mé-tan, dé-sho-no-ré, ca-co-lo-gie, E-pi-pha-nie, Mi-ssi-ssi-pi, a-mé-ni-té, a-vi-di-té, in-dé-fi-ni, i-na-ni-mé, dé-ba-ra-ssé, u-ti-li-té, fu-ti-li-té, fa-ci-li-té, sé-cu-ri-té, pa-ci-fi-é, u-ti-li-sé, ma-li-gni-té, saga-ci-té, ré-a-li-sé, ré-a-li-té, ca-hin-ca-ha, co-mmo-di-té, théo-lo-gie, gé-o-dé-sie, sy-no-ny-mie, ca-mé-lé-on, Ti-mo-lé-on, an-ti-pa-thie, a-na-to-mie, i-nha-bi-té, ca-té-go-rie, dé-gé-né-ra, ca-pa-ci-té, sé-cu-ri-té, hu-ma-ni-té, mé-lan-co-lie, o-cé-a-nie, a-na-ly-sa, i-gno-mi-nie, hu-mi-di-té, hu-mi-li-té.

In-fi-dé-li-té, in-si-pi-di-té, gé-né-ro-si-té, ma-gna-ni-mi-té, pu-é-ri-li-té, ca-tho-li-ci-té, a-ffa-bi-li-té, Mé-so-po-ta-mie, Mo-no-mo-ta-pa, é-ty-mo-lo-gie, i-nhu-ma-ni-té, ré-ha-bi-li-té, in-con-si-dé-ré.

Mé-té-o-ro-lo-gie, in-vin-ci-bi-li-té, in-vi-si-bi-li-té, ori-gi-na-li-té, in-cu-ra-bi-li-té, in-so-ci-a-bi-li-té, in-di-sso-lu-bi-li-té, i-né-li-gi-bi-li-té, in-di-vi-si-bi-li-té.

Dî-né fi-ni, goû-té do-nné, sou-pé gâ-té, jo-li bi-jou, fan-fan lu-tin, a-mi ché-ri, lin fi-lé, a-mie ché-rie, du vin bu, din-don do-du, ca-fé Mo-ka, pâ-té cou-pé, co-quin ca-ché, gou-jon pê-ché, mou-ton ton-du, co-chon mou-illé, un bon mari, ru-ban rou-lé, la-pin tu-é, fin ma-rron, fi-lou ju-gé, ma-lin la-rron, co-ton mê-lé, fi-chu sa-li, ta-lon fou-lé, ju-pon cou-su, li-mon pou-rri, ti-mon la-vé, ca-illou lan-cé, dé-mon pu-ni, fa-quin cha-ssé, bou-chon ta-illé, sa-tin u-ni, chou-chou po-li, é-cu ro-gné, va-llée qui-ttée, lun-di fêté, jeu-di pa-ssé, so-fa cou-ché, co-lon pé-ri, â-non bâ-té, ba-llon lâ-ché, jeu co-mmun, man-chon fou-rré, le ton ba-din, don-jon mi-né, bi-lan si-gné, cou hâ-lé, a-nnée fi-nie, chan-son chan-tée, pou-pée parée, pa-ri ga-gné, ly-cée bâ-ti, bou-din man-gé, bu-tin vo-lé, mâ-tin mâ-té, a-thée ba-nni, fa-mille bé-nie, an-née com-mune, u-ne sé-rie.

Pan-ta-lon é-changé, ma-qui-gnon a-rri-vé, po-ti-ron co-lo-ré, lu-mi-gnon ra-llu-mé, ma-ca-ron di-gé-ré, pin-chi-na mê-lan-gé, li-ma-çon dé-vo-ré, ro-ma-rin a-ba-ttu, vo-lon-té a-nnon-cée, cha-ri-té co-mmandée, ju-bi-lé dé-si-ré, ta-ma-rin a-llon-gé, fa-vo-ri é-vin-cé, vé-ri-té ho-no-rée, nu-di-té ga-ran-tie, nu-mé-ro dé-si-gné, du bou-ra-can, sa va-ni-té, son ca-ra-fon, un con-so-mmé, le gou-lu, ce ca-na-pé, un bon feu, à mon ba-ssin, de l'a-mi-don, j'a-voue, je sa-lue, con-ti-nue, un sou-pé, ton cô-té, pa-ra-pha, un fi-chu, la bon-té, la bé-ni-gni-té, l'a-mé-ni-té, l'hu-mi-li-té, l'in-do-ci-li-té, fé-mi-nin, à Di-jon, de l'A-sie, le pé-ché a-vou-é, ce ro-man dé-chi-ré, le dé-mon é-choue-ra, a-ni-mo-si-té, ra-llu-mée, le-çon ré-ci-tée, mé-di-tée ; di-vi-ni-té cou-rrou-cée, ca-du-ci-té vé-né-rée, con-ca-vi-té ta-illée, lon-gé-vi-té ré-vé-rée, hé-ré-sie con-fon-due, gou-tte sci-a-ti-que.

Un an, une année.
Le thé, mon vin, une scie.
On ira, je me nie.
Non, non, mon chou.
La moue, une roue.
Ma vie, une pie.
Le bon ton revenu.
A ta santé, Ninon.
Ha! ha! du bonbon.
Holà! ma cousine!
Fanfan a du bobo.
Ah! je me dévoue.
La jolie Maman.
Fi! fi! Colin, le têtu.
Ho! ça, qu'on joue ici.
O ma Fille! ô Zélie!
On y a été, Papa.
Une rancune finie.
Famille chérie.
Mimi a cousu. Je scie.
Robin mouton a bêlé.

L'été passé. Il sciera.
Phase de la Lune.
Lundi matin, on chariera.
Jeudi à midi, on a signé.
La matinée m'a paru orageuse.
Répète, Émilie, répète.
Zozo jouera, se fâchera.
Ce poupon a ri.
Un ruban tâché.
Du boudin gâté.
Élise lira la Genèse.
Zizi continuera.
Qui va là? Où va-t-on?
Simon étudiera le latin.
Le Cygne de Mantoue.
Massillon Évêque.
La charité de Fénélon.
Un Curé zélé, honoré.
Ami dévoué, don divin.
Un cosaque m'a dépouillé.
Gazon coupé peu à peu.

Un coupon de basin.

Un jeu continué.

L'Abbé de l'Épée vénéré.

Le feu a consumé un magasin.

Athanase lira la Civilité.

Monique a bu de la chicorée.

Sabin a récité sa leçon de Philosophie.

Pothin a demandé un jeu de loto ou de domino.

Caron avala un limaçon.

Rufin a répété sa chanson du Chaperon.

Séraphin a bu du café qui l'a incommodé.

Séraphine a donné à Marie un peu de bouillon salé.

Raton a mangé ma serine.

Joséphine se retira le matin à Chalançon.

Ce bon Curé a secouru une famille abandonnée qui le bénira.

Nérée, assise sur un sofa magnifique, avala une chopine de vin de Malaga.

Un filou déguisé a volé la pélérine de ma cousine Euphémie.

Angélique imitera la docilité, l'humanité, la véracité de Mathurine qui a été félicitée.

Carignan a visité la Russie d'Asie.

Ce capucin a été à Pékin, à Nankin, à Canton.

Que chacun s'amuse à sa façon, à sa guise.

Dominique a tiré un bon numéro.

Son cousin a répondu.

Ton coussin sera décousu.

Remi a pêché un goujon.

Un milan a volé ce joli bijou à mon neveu.

Sophie a mangé du cochon sâlé.

Le canon a tiré à midi.

Rosalie écoutera son mari.

Salomon a jugé, a reconnu la vérité.

Mon pinson a pondu.

Cicéron a confondu Catilina.

Longin a touché un chapon panaché.

Siméon a bu de bon vin du Rhin.

Un dindon épouvanta Suzon incommodée.

Zoé demanda du rôti.

Agathon a vu son déjeûné répandu.

Eulalie a vidé son giron.

La musique m'a ravi.

Savin a décoré son salon rebâti.

Bazin chantera une chanson connue.

Léon a usé son alun.

Le favori a été dénoncé.

La Judée a échappé à la férocité d'Aman.

Sabine consola Julie désolée de la maladie de sa maman.

Amélie déguisa la vérité à son papa.

Pantaléon a dîné à côté du pavillon; son pantalon a été déchiré.

Désiré habitera Châtillon.

On a ramassé un épi pourri.

Ton aveu t'a mérité un joujou.

Charon a hérité un moulin situé à Bondi.

Félicité a démêlé son chignon.

Lubin a dansé à Chantilly ; on a ri de sa folie.

Le charivari m'a épouvanté.

Un coucou a intimidé ce baladin.

Félicie a reçu un écu rogné.

Eugénie arracha mon romarin.

Ton réséda sera déraciné.

Céran a chassé ce coquin éhonté.

Géréon a vu un lapin qui a couru.

Lucie a lavé son jupon tâché.

Thadée a cédé son hérisson.

Zéphirin a ramassé la rosée du matin.

Lésin a gagné un macaron.

Théodorine a tué un hibou.

On donnera du vin de Macon à ce maçon.

Un ouragan a désolé le canton.

Ce député sera réélu à l'unanimité.

Une thèse de Théologie a été soutenue à l'Athénée.

Ce polisson qui, à mon insçu, acheta un roman, sera consigné lundi ou jeudi.

Homobon m'a régalé d'un boudin, d'une andouille.

La majorité du Juri acquitta l'accusée : son mari consolé la ramena.

L'utilité de l'Analyse a été reconnue.

La pie de Léon a dérobé un bijou à Sosie qui a dénoncé Élisa.

Pharaon adouci rappela son échanson.

La jolie queue panachée de mon écureuil a été coupée.

Le sage Numa a policé, a pacifié une fameuse cité.

La roue de mon phaéton se cassa à Issoudun.

Une épidémie, qui a régné l'année passée, a ravagé la Colonie.

Caroline a demeuré à Turin, à Mondovi, à Coni.

Cajétan a visité Pondichéry, Manduré.

Léocadie arrivée de Besançon, ira dimanche à Lyon.

Le génie de Buffon m'a étonné.

La vie de Tobie m'a touché.

La venue du Messie a été annoncée.

La Judée, qui a été si favorisée, qui a méconnu la vérité, a été punie.

A la fin du Monde, chacun sera jugé : l'Iniquité sera confondue, le bon jouira d'une félicité infinie.

Le péché, désobéissance à la volonté divine, s'oppose à l'efficacité du zèle évangélique.

On m'a raconté qu'une guérison miraculeuse a été opérée dimanche passé; la famille du malade guéri bénira toute sa vie la Divinité. Mon ame a été émue du cantique analogue qu'on a chanté.

Un homme qui se vante affiche sa bêtise.

ab	ep	il	os	ur	eul	ous
up	et	us	or	es	ac	uc
uf	ouil	el	is	eur	ul	am
ouc	our	al	oul	ans	euil	ot
ig	onc	ong	ec	as	ad	an
er	anc	af	op	eus	ap	ut
inc	ins	eth	ouf	if	ons	ug
og	ed	ud	euf	ith	ob	om
ail	eil	at	of	ag	ef	im
eb	ic	ir	in	oc	ol	em
ip	oug	eph	it	oq	og	ar.

bas	gis	zis	mons	mes	pos	fas
ves	fus	les	ges	jes	pis	nos
gas	sis	chas	nus	fel	sol	gneur
dus	lor	bel	zur	dul	sir	cob
mac	geur	nep	neuf	fonc	dal	gnac
pol	sar	tar	bil	vic	pur	jar
roq	nor	mag	rel	tuf	sub	rap
mul	tal	boul	ser	vir	ful	loc
nef	rep	des	pes	fis	rar	rus
choc	tis	cas	sus	bos	noc	mus
ras	mis	chas	bus	jul	ros	res
fil	fal	pec	tes	fer	mas	jos
jas	mer	cour	gnar	rup	lour	ris
gar	tas	ces	luc	ches	nel	dis
rac	sanc	vis	sal	bes	for	fir
jor	ter	pol	deur	rec	dic	fes
jus	lip	bis	bel	tar	pas	chir
nas	fec	pac	lus	tic	chal	dos
par	pel	lec	cons	jar	pif	nec
col	zir	bouc	cul	las	gus	nis
bul	lep	nup	pus	ver	col	rer
chil	phar	rail	cail	quil	ther	jec

(25)

jour	tel	tinc	dap	tec	nil	mour
teur	bac	bec	rur	sif	four	ril
cher	jec	lir	tor	cal	cul	ral
veuf	dour	duc	tour	cab	bic	bor
cel	cep	nac	nul	mel	jonc	gour
peur	joug	gor	jeur	mur	chel	car
med	seul	der	sour	tur	nur	bap
meur	tac	ner	choc	nag	toc	veur
val	tif	por	leur	cad	far	phos
sul	pur	ceur	lac	mor	sor	mail
soc	pour	buc	per	var	bal	bail
beuf	gap	noc	gil	mar	chef	poul
pouil	vif	lic	vol	ber	job	neur
gneul	dir	nyg	pal	nic	mil	chap
char	sur	teul	bar	bir	gnal	dor
beur	cer	ric	sac	neul	pul	bour
ponc	seur	pir	suc	vid	gir	cor
roc	dic	zar	vul	nal	dog	cap
dur	doc	vec	lor	fol	pic	gnol
tul	fac	mal	nir	mic	del	dol
nup	dop	jul	gel	cour	lour	luc
cheur	queur	rir	veil	nus	cir	nor
rep	coq	pig	gyp	guir	rith	schis

Il va, une île, or épuré, de la houille, elle a été, mon ame, une heure, la hure, la huppe, Ille, un if, Og, ail, que j'aille, qu'il aille, je me hâle, il ou elle se hâle, la halle, à Ath, la houppe, une hotte, mon hôte, il ôte, hem! ouf! Em-ma-nu-el, ab-diqué, Ab-dolonyme, Mo-ab, ap-ti-tude, hep-tagone, hep-tanomie, es-timé, es-calade, es-camoté, es-qui-ssé, alo-ès, ac-tivité, ac-céléré, ré-el, el-lébore, Hel-vétique, Hos-tie, Os-tie, hos-pitalité, os-téologie, hos-utilité, historique, Is-pahan, il a heur-té, il-légitime, il-luminé, ur-banité, ur-son, il a hur-lé, or-to-lan, hor-loge, or-ganisé, or-nithologie, or-tie, or-gue, Or-phée, our-di, hour-di, our-sin, al-cali, al-coran, al-chimie, Al-gon-quin, al-phabétique, anse, hanse, ig-né, onc-tu-euse, hec-tare, Ec-batane, as-piré, as-pé-rité, ad-jugé, ad-miré, er-rata, er-roné, her-nie, her-borisé, op-té, op-tique, Eus-tache, ar-tisan, har-di, har-monie, har-pie, har-naché, Et-na, eth-nique, ir-résolu, ou-ir, Ir-lande, oc-tave, oc-togone, Am-mon, Am-monite, Si-am, im-mobile, im-modéré, im-moralité, im-molé, ins-tigué, ins-tillé, ins-titué, eustyle.

Le zinc, une touffe, un bel if, feu vif, à Mons, le Sud, un veuf, il sera neuf, Job, un rob, une robe, bal paré, bail signé, un fat, une nef, ric-à-ric, à Tyr, le tir, un coq, une coque, un soc, le choc, chaque, quel, quelle, lequel, laquelle, un sol, un vol, le suc, une dot, chut! une chute, un luth, une lutte, un but, une butte, Sem, un cap, un sac, un lac, mon chef, la mer du Sud, une bonne mère, elle seule, il a été seul, Gog, une vis, une tour, du fil, un bouc, à Toul, du tuf, un mur, une mûre, la ville de Lille, du fer, du sel, une selle, un ver de terre, un verre de vin, un cor de chasse, à la cour, la danse, le mal, une malle, un mâle, un bec, à sec, sur un char, la peur.

A-zur, a-mer, amour, hamac, hâtif, avec, Adour, é-mail, é-caille, égal, é-vêque, échec et mat, I-ser, Isère, hiver, o-deur, hô-tel, oral, Ho-mère, Omer, u-nir, humeur, han-gar.

Ré-gal, légal, nourrir, mourir, chanteur, conteur, bu-tor, major, ré-tif, natif, bé-quille, coquille, ri-val, cheval, sa-peur, vapeur, rou-gir, rugir, lon-gueur, langueur, man-geur, nageur, dé-tour, contour, vê-tir, pâtir, pa-veur, faveur, vo-mir, gémir, Mi-chel, Rachel, fa-tal, natal, va-leur, voleur, car-ton chargé, pu-nir, bé-nir, lueur, sueur, vi-ril, péril, char-don, charbon, tor-tu, tortue, bor-né, bordé, cor-don, cardon, par-ti, pardon, bar-bu, barbon, per-cé, perdu, far-ci, fardé, mar-ché, mardi, Tur-quie, turban, ver-tu, versé, jar-din, jargon, gar-çon, garni, cher-ché, cher-té, tor-chon, tordu, fes-tin, feston, four-gon, fourchu, dic-tée, dicton, for-mé, forcé, ber-cé, berlue, mor-du, Morphée, sul-tan, destin, ris-qué, Co-gnac, cornac, si-gnal, tocsin, jour-née, courbé, lan-guir, guirlande, un schall, le schisme, schismatique.

Ac-tif, active, tar-dif, tardive, Es-ther, Espagne, as-pic, astuce, al-cade, arcade, El-beuf, es-quif, esquisse.

Dor-meur, mar-cheur, dormeuse, marcheuse, sceptique, schérif, ser-vir, servile, por-teur, porteuse, par-leur, parleuse, char-geur, cher-cheur, chercheuse, lec-teur, licteur, doc-teur, nectar, dac-tyle, ductile, ber-cail, portail, mer-veille, murmure, cal-cul, bascule, cas-tor, Nestor, Victor, car-tel, mortel, sub-til, reptile, mas-tic, morsure, par-tir, pasteur, pas-tille, postiche, un mar-tyr, le martyre, Bos-phore, phosphore, Cal-va-dos, antiptose.

O-bé-ir, animal, a-bo-lir, aboutir, é-pagneul, amical, a-min-cir, adoucir, a-ba-tteur, amateur, a-cqué-rir, accourir, se-cou-rir, coucourir, mu-tu-el, manuel, mi-né-ral, vidangeur, ra-mo-neur, chuchoteur, ma-ti-nal, décisif, le ba-si-lic, la basilique, fu-gi-tif, rossignol, ta-pa-geur, corridor, dé-pé-rir, général, dé-fa-veur, un ca-pi-tal, une capitale, ra-jeu-nir, ma-ré-chal, sénéchal, gé-ni-tif, vocatif.

Épa-nou-ir, s'évanouir, a-ccu-sa-tif, in-dicatif, in-co-atif, apéritif, in-fi-ni-tif, dé-finitif, vin-di-ca-tif, vindicative, py-ra-mi-dal, original, Co-ro-man-del, Zorobabel, a-ccu-sa-teur, imitateur, con-ti-nu-a-teur, vérificateur.

A-ccor-dé, abordé, in-fes-té, investi, é-tour-di, dégourdi, a-jour-né, séjourné, a-vor-ton, averti, a-ccosté, riposté, ap-por-té, rapporté, ha-sar-dé, écarté, dé-gar-ni, dé-guerpi, a-nar-chie, monarchie, é-nor-mi-té, conformité, di-ffi-cul-té, difformité, ca-li-four-chon, détortillé, hi-é-rar-chie, oligarchie, Rec-teur, facteur, e-ffec-tif, défectif, a-ffer-mir, raffermir, a-dop-tif, invective, a-ver-tir, convertir, divertir, se divertir, sé-duc-teur, conducteur, a-mo-llir, amortir, ra-ccour-cir, étourdir, al-ter-né, consterné, bis-cor-nu, dis-culpé, res-pec-té, inspecté, por-ta-tif, purgatif, es-pa-gnol, aspalathe.

Ad-jec-tif, distinctif, ac-cep-teur, percep-teur, per-ver-tir, se pervertir, es-car-celle, escarmouche, cal-cu-la-teur, législateur, u-ni-ver-sel, per-pétuel, su-per-la-tif, alter-natif, dog-ma-ti-sé, énygmatique, cons-ti-tu-tif, coercitive, ins-ti-ga-teur, Instituteur, Sal-ma-na-sar, Sardanapale, ver-si-fi-ca-teur, vérificateur, falsificateur, ré-bar-ba-ra-tif, caractéristique.

Du mas-tic dur-ci, pavé massif, toc-sin sonné, vo-mir son dîné, canal bouché, ami fu-gi-tif, ce bu-tor va m'étourdir, pu-nir du car-can, carnaval passé, sortir le matin, subir le joug, vo-leur sub-til, polir du fer, bâton per-cé, charlatan parti, l'odeur du jas-min, garçon perdu, factoton étour-di, partir pour Alger, obé-ir à son géné-ral, bon jour amical, congé ab-solu, ortolan rôti, mon bissac vidé, bar-be rousse, parleur éternel, fu-meur per-pétu-el, pâlir, mourir de peur, de douleur, che-val ré-tif, pou-ssif, nageur hardi, fa-tale des-tinée, dindon farci, fes-tin vanté, mal radi-cal, natif de Mada-gascar, re-tour tar-dif, un bon régal, sou-pir ha-sardé, ser-vir du nectar, balcon garni, four-nir du co-gnac, tu-teur res-pec-té, moulin tapageur, dé-tour i-nu-tile, le règne animal, le règne végétal, le règne minéral, le mas-culin et le féminin, a-mour fili-al, pater-nel, conju-gal, mutu-el, amincir du fil, son vo-cal pur, bâ-tir un lo-cal.

Mon cher père, un peu de douceur.

Le Magister a voulu punir un tapageur, il n'a pu réussir.

Un bon Pasteur donne sa vie pour sa Bergerie.

La chaleur de l'été a désespéré ce cultivateur actif.

Gaston a cultivé son jardin qui a été dévasté par un ouragan; il n'a récolté que peu de chose.

Corbin, par un chétif régal, a changé la fureur de Martin; il l'a porté à la douceur.

Castor n'est pas matinal; car il a la liberté de dormir le jour.

C'est par un bon motif que Victor se porta l'accusateur du conjuré Balthasar.

La Postérité avouera que Marmontel a été un Littérateur distingué.

Michel, mon vigneron, partira mardi matin pour Macon.

Marcel a vu la difficulté de sortir de bonne heure.

Hector a été tué par Achille.

Saturnin a voulu courir, il s'est foulé le genou.

Casimir est un bon marcheur.

Le Maréchal partira pour fournir une armée à l'Archiduc.

L'Ordonnateur est connu pour un homme d'honneur.

Le retour de l'hiver me désole.

La lecture de ce roman va te pervertir.

Le souvenir de l'homme juste sera éternel.

La vertu fera ton bonheur; quel motif pour la chérir!

La société de ce libertin, de ce dissipateur, te deshonore.

Le fanal de la tour a servi à garantir le Vice-Amiral.

Ce Général infortuné a été captif à Tunis.

Le Docteur m'a apporté de l'alcali volatil pour adoucir mon humeur rhumatismale.

La fourmi active amasse l'été pour l'hiver.

Le rotifère est un joli animalcule.

Demande avec ferveur la force de résister à Satan, malin séducteur.

Mon ami, conserve toute la vie un amour sincère pour l'Instituteur zélé qui t'a donné la sagesse, et non de l'or, vil métal, idole d'une ame basse qui a méconnu son immortalité.

La Mode est un tyran corrnpteur, respecté de la Jeunesse; heureuse la famille qui a su se garantir de cette funeste manie!

La paresse est la source du malheur.

Le Portugal est borné par la Mer et par l'Espagne; il a pour capitale Lisbonne, ville riche, belle et commerçante, située sur le Tage.

Où la guêpe a passé le moucheron demeure.
LAFONTAINE.

BL	**BR**	**PL**	**PR**	**VR**
bl	br	pl	pr	vr
FL	**PHL**	**FR**	**PHR**	**DR**
fl	phl	fr	phr	dr
TL	**THL**	**TR**	**THR**	**GL**
tl	thl	tr	thr	gl
GR	**CL**	**CHL**	**CR**	**CHR**
gr	cl	chl	cr	chr
PS	**SP**	**ST**	**SC**	**PT**
ps	sp	st	sc	pt
SQU	**SPH**	**SPL**	**SCR**	**STR**
squ	sph	spl	scr	str
MN	**PN**	**PL**	**PHTH**	**CHN**
mn	pn	pl	phth	chn

pli	flu	grin	flan	trin	creu	fri
pleu	bra	gri	clé	gré	prun	bri
bro	blu	gli	dré	tra	preu	prê
pra	cro	blà	grou	cré	glan	crin
plan	blé	blon	bru	brin	plu	dru
trou	cri	clou	brou	blan	pri	brun
cran	frin	plin	cru	tron	pré	fron
flon	fleu	plas	plon	tri	fra	phra
clo	prin	drò	breu	gra	dro	cron
tro	fla	tru	pru	bleu	fré	glou
cra	gro	dri	tran	gru	plé	tré
glé	greu	freu	fli	drou	plo	glon
cleu	crà	frê	flê	vra	chné	vré
gran	brê	crou	flo	pla	clu	glo
dran	cli	plà	plou	blo	vri	blou
plê	bla	gleu	treu	blé	grou	fro
phro	pla	flé	phlé	prou	bran	chris
stu	sco	scan	stra	sca	fleg	clys

frus	spas	fran	gla	vran	phré	fric-frac
stan	scra	scur	flas	froc	scru	trans
scur	pros	bref	spec	dra	bron	cric-crac
pran	pron	spon	psa	scro	scor	gleur
plir	frir	stor	bloc	fleu	ster	tric-trac
vron	grê	drin	dron	sté	spi	bleur
sphè	scri	splé	blic	psal	clar	pleur
pris	stig	glu	fru	clau	clin	struc
stè	spa	pneu	stru	gno	gna	fleur
spec	sper	prag	fruc	fluc	cris	cleur
stri	crus	pres	spir	stro	spé	stric
sbi	sty	sto	pry	pro	bli	crous
clo	vreu	svel	pto	mné	phri	sphin
squé	squi	gni	vril	thlè	tlan	phthi
tlas	pros	chro	chla	pté	pseu	stran
		psy	pty	phthal.		

Un pli, à mon gré, du crin, mon plan, du blé dru, ma bru, une brune, brin à brin, il a plu, le trou, je troue, un cri, il crie, un clou, je cloue, monté d'un cran, il a cru, de ton cru, une crue, parole crue, un pré, du cron, le bleu, couleur bleue, le glou glou, un froc brun, un bref du Pape, frire, un store, un bloc de marbre, la rose, jolie fleur, de la glu, une preuve, à la proue, grougrou, plié, influé, chagrin, flanqué, tringle, creusé, fripé, pleuré, bravé, grimace, sarclé, degré, arachné, nerprun, brisé, brodé, bluté, glissé, cadré, trapu, prouvé, Prêtre, pratique, crochu, blâmé, groupé, créé, glandé, écrin, planté, sablé, blondin, brunir, plumé, troué, crié, cloué, brouté, blanchir, prisé, écran, fringoté, plongé, triché, fraternel, clôture, principal, drôlerie, breuvage, gratté, trophée, flanelle, truelle, pruderie, bleuir, frémir, glouton, déplié, fripon, brasseur, veste grise, bouclé, malgré, dressé, bridé, brodé, bluette, la Thrace, prêté, croqué, blâmable, le Créateur, planteur, blessé, du houblon brûlé, déplu, tronblé, crieur, décloué, une trace.

Brouillé, blancherie ou blanchisserie, méprisé, fringille, plongeur, Madras, fleuron, frontal, préféré, tronqué, cruel, friandise, grisâtre, agréable, abri, brodequin, poudré, trahir, praticable, crocodile, récréatif, supplanté, accablé, abrutir, traducteur, troubadour, criblé, travestir, criminel, craché, grotesque, dryade, tranquille, grugé, plénitude, trépassé, réglé, affreuse, infligé, diplôme, de la crême, frêle, ouvrage, clarinette, sévré, grandir, Brême, croupir, grognon, flotté, esplanade, percluse, gloseur, cadran, cligné, plâtre, se blottir, ouvrira, une blouse, chartreuse, fresque, blême, grondeur, frotteur, Euphrosine, placé, flétrir, gonflé, Phlégethon, trouvé, brandir,

Astarbé, stupide, scolie, scandale, strapontin, plastique, flegmatique, clystère, plongé, fleurdélisé, confronté, Prédicateur, tronçon, accru, Cracovie, un crabe, grosseur, hamadryade, retranché, une grue, pléonasme, contrée, affligé, éploré, s'agrandir, écroulé, incluse, sangloté, périclité, couvrira, problême, fromage, Planette, phlébotomie, phlogose, l'Ante-Christ, scandé, scarabée, chrysalide, brusquerie, Christine, LE CHRIST, consécrateur, sacrificateur.

Frustré, spasmologie, franchir, glacé, blindé, Scribe, frénétique, phrénétique, scrutateur, sbire, Gnide, flasque, truffe, obscur, proscrire, jongleur, spectateur, Draguignan, bronché, spondée, psalette, scrofulense, scorbutique, souffrir, stokfiche, hableur, le stère, il grêle, il a grêlé, flandrin, Stéphanie, spirituel, sphère, Scribe, Splénographie, public, psalmodie, il pleure, clarté, sépulcral, prisme, structure, Honfleur, stigmate, frugal, clandestin, déclin, spatule, pneumatique, gnomonique, pragmatique, fructueuse, crispé, racleur, stuc, crustacé, croustillé, Presbytère, spontané, Spire, strophe, spéculateur, scalène, style, stomachique, Prytanée, scorsonère, procureur, oubli, Clodomir, svelte, phthisie, Ptolomé, mnémonique, squirre, vrille, athlète, Atlas, atlantique, strict, stricte, prosterné, scripteur, transplanté, Chronologie, chlamide, squelette, souscripteur, ophthalmie, pseudonyme, psylle, ptarmique, brugnon, flacon, grippé, blason, étranglé, scrupule, une grace, proclamé, Précepteur, le grec, la langue grèque, opprobre, Géographie, Statique, statistique, Smyrne.

Déclin, crystal, substance, esclave, Esclavonie, stupide, mitraillé, pétrin, pétrir, contraste, prescrire, réglé, déréglé, spectre, spectacle, affranchir, demi-stère, kilogramme, kilomètre, Géométrie, hémisphère, planisphère, hémistiche, spasmodique, psalmodiste, instructeur, constructeur, incliné, incrusté, Chrysostôme, criblera, agrégé, acrostiche, éploré, étranglé, contracté, détracte, détracté, substantif, suspecté, cataplasme, catastrophe, cataracte, catachrèse, catafalque, défalqué, défriché, défrisé, dégradé, éclipsé, apophthegme, appropriera, Stéphanophore, transpiré, le Czar, la Czarine, transgressé.

Chevron brisé, système métrique, école polytechnique, admirable stabilité, recherche infructueuse, détestable contradicteur, le criminel flétri, Pôle Arctique, Antarctique, l'Écliptique, le Tropique du Capricorne, schall de cachemire, ligne transversale, Thrasybule préteur, ordre troublé, déserteur dégradé, Andromaque éplorée, escadron massacré, blessure cicatrisée, arbre greffé, flotte submergée, escadre espagnole, Estradamure province, fripon déprisonné, titre sacré, scrutin présidé, crême brûlée, fleuve traversé, cadran brisé, blanchi, couvreur blessé, fabricateur protégé, pratique observée, poltron méprisé, fossé creusé, franchi, ouvrage fragile, Trigonométrie sphérique, style brillanté, cri spontané, place promise, fleur flétrie, croute grattée, pré fleuri, franchise désapprouvée, critique facile, hableur honni, surprise heureuse, croupe recourbée, poudre préparée, bloc de marbre, tablette de Stuc, Proviseur respecté, fromage de Hollande, de Brie, chef suspecté, public favorable, glace fondue, soumettre un plan, ligne tracée, prolongée, meuble placé, stratagême prévu, Thémistocle, célèbre personnage grec, usurpateur détrôné, Précepteur brutal, humeur chagrine, pesanteur spécifique, gravité absolue, tranquillité agréable, arbre transplanté.

Un Concile célèbre a terminé un schisme déplorable.

Le programme de cette brillante séance va être publié.

L'ingratitude est une monstruosité; qui justifiera ce crime inconcevable?

Notre ville grande, commerçante et industrieuse, s'est illustrée par sa bravoure, par sa fermeté inébranlable.

L'Incrédule sera confondu, lorsqu'il apercevra le Juge suprême sur son tribunal redoutable.

Oh! quel terrible supplice est réservé à la folle Incrédulité!

L'Église, établie par notre divin Législateur, est infaillible.

L'obstacle que le Démon oppose chaque jour à mon bonheur éternel, est-il invincible? Non, mon Ange conducteur me guidera, me préservera de sa jalouse rage.

Clovis a été converti par Clotilde, princesse d'une grande vertu.

Le Christianisme a été protégé, proclamé par Constantin, prince intrépide.

Judith, avec l'assistance céleste, délivra Béthulie.

Constance Chlore se déclara contre l'Apostasie.

Le Créateur, par une bonté ineffable, a formé notre ame à son image. O flatteuse immortalité! O noble prérogative!

Le cruel Hérode a ordonné un horrible massacre : toute la terre a frémi de cette insigne barbarie.

Je recommande la lecture de la BIBLE, livre sublime où l'on étudie la véritable sagesse.

A.

a	Il a été à Lille. Ah! quel malheur! ha! bon! çà et là.
as	Des habas, tu haranguas, un échalas, des bas, tu ne vas pas, Nicolas.
at	Un forçat, qu'il forçât, un légat, qu'il léguât, qu'il manquât.
ats	Quatre forçats, des scélérats, des bâts, je me bats.
ac	Le tabac, un estomac délicat.
acs	Des lacs, les tabacs, des estomacs délicats.
ach	Un bel almanach, des almanachs.
ap	Du drap d'Elbeuf, des draps, Baptême, baptisé, un anabaptiste.
ea	Il ravagea, il changea, elle s'affligea, Jeanne d'Arc.
eas	Tu te corrigeas, tu ravageas, tu te chargeas.
eat	Orangeat, orgeat, qu'il arrangeât.
am	Damné, condamné, ne te damne pas.
em, en	Une femme, fête solennelle, solennité.

E.

Je, me, te, se, ce, de, le, ne, que.

Proscrire le salpêtre.
Je ne le querelle pas.
Le remède, une médecine.
De la Grande-Bretagne.
Il me redemande sa pelote.
Est-ce qu'elle sera retrouvée?

Suis-je retardé ?
Que fera l'ignare ?
Que ne s'applique-t-il ?
On le rejettera.
Ce rebelle s'évadera.
Méchanceté repoussante.

ES.

De funestes scrupules.
Que tu l'étrangles.
Que tu contractes.
Que tu m'édifies, Jacques !
Tu proposes douze problèmes.
Tu critiques, tu sarcles.

D'abominables scandales.
Spectacles atroces.
Règles infaillibles.
Athènes, Thèbes, Vêpres.
Ténèbres répandues.
Charles le Sage.

ENT.

Ils proclamèrent.
Qu'ils psalmodient.
Elles me redemandent.
Qu'ils contractassent.
Qu'elles tressaillissent.
Afin qu'ils conçussent.

Elles survécurent.
Ils écrivirent.
De peur qu'ils ne vinssent.
Pour qu'ils s'abstinssent.
Que répondirent-ils ?
Ils ne contrarient pas.

É.

é, hé! éh!	Hébé! hébété, hé! bon jour! abrégé, le Clergé, réintégré, Daphné, chanté-je? le Léthé, eh! qu'as-à répondre, cruelle?
és, et	Les procédés, les prés, l'homme et la femme, un frère et une cousine.
er	Berger, étrangler, horloger, filer.
ef, ecs	Une clef, des clefs, les échecs.
ez	Manquez, lisez, écrivez, assez, le nez, lez-Lille, rez-terre.
ée, ées	Une bouchée, un athée, des trophées, je supplée, tu agrées, des armées ont été agréées, suppléées, escourgée, la Mer Égée, Rhée.
éent	Elles se récréent, ils suppléent.
ai	Je concluai, je logeai, je prierai, je me dévouerai, j'ai péché.
æ	Pæan, sorte de cantique, d'hymne profane.
œ	Œdipe, Concile œcuménique, le pœcile, œsophage, Œta, (montagne).

4

È E.

è	Thèse, frère, fidèle, il mène, règle, dépèce, allègue.
ê	Fenêtre, chêne, pêle-mêle, la grêle, une guêtre, un crêpe, un chêne.
ei	Peine, peigne, peiné, Seigneur, seize, veine, la Seine.
ey	Le Dey d'Alger, un Bey ou Bei.
ects	Mes respects.
egs	Legs, promettre un legs, des legs.
ep	Un cep de vigne, article { sept. Cette.
ept	Sept chemises, sept houppelandes.
ès	Abcès, succès, progrès, du grès, cyprès, dès que, après le décès.
es	Mes, tes, ses, des, les, ces, es-tu?
êt, êts	Arrêt, forêt, intérêt, des arrêts, les forêts, l'Être-Suprême.
et	Buffet, un jet, bracelet, bonnet, il promet, un billet.
ets	Je remets, tu remets, je me promets, des buffets, des paquets.
est	Il est, notre ame est immortelle.
aî	Maître, traître, traîtresse, une chaîne, gaîne, naître, il se traîne.

(51)

ai, aî	Balai, délai, mai, affaire, saine, haine, vaine, Vicaire, paître.
aie	Que j'aie, une taie, une haie, vraie vertu, la plaie, un claie.
aies	Que tu aies, des haies, les sept plaies, des claies.
ais	Je hais, tu hais, mais, jamais, des balais, désormais.
aid, aids	Laid, des visages laids, peu de chose, peu de plaid, tenir les plaids.
aît	Il paît, il plaît, il se taît.
ait, aits	Qu'il ait fait, il hait, des traits.
eai	Démangeaison, un geai, des geais.
aix	La paix, le faix, un porte-faix, Dessaix, (général).
aient	Qu'ils aient fait, qu'ils distraient.
oî	Connoître, disparoître, apparoître.
oi, oie	Un homme foible, la foiblesse, de la monnoie, la roideur.
ois	J'écrivois, tu indiquois, tu intriguois, le françois, l'anglois.
oît, oit	Il créoit, il alléguoit, il craquoit, il connoît, il paroît, disparoît
eois, eoit	Je mangeois, tu gageois, il adjugeoit.
oient	Ils marchoient, ils calquoient, ils changeoient, ils influoient.

I.

i, y	Oubli, il a oui dire, il y a, les Pyramides d'Égypte, anguille, droguiste, la Guinée, un guide, déguisé, guignon.
is	Acquis, promis, de jolis tapis.
î, it, ît	Ci-gît, pupître, qu'il réfléchît, un petit esprit, presqu'île, fîmes, fîtes, surprîmes, surprîtes, la dîme.
its	Les profits, de petits esprits, Pères Conscrits, des proscrits.
ie	Une folie, il supplie, elle orthographie, elle est trahie.
ies	Tu oublies, les maladies, les Asturies.
ient	Ils crient, ils déplient, elles se clarifient, qu'elles oublient.
ic, ics	Un cric, des crics, de l'arsenic, un porc-épics, des porcs-épics.
ict, icts	Un amict (linge), des amicts.
iz, ix	Du riz, six perdrix, dix prix, Crucifix.
id, ids	Un nid, des nids.
il, ils	Fusil, baril, gril, outil, coutil, fournil, sourcil, du persil, dix fusils, les sourcils, un chenil.

O.

o, ô	Cacao, zoologie, Apôtre, ô crime!
oa	Un toast, (toste).
oi, os	Coignée, oignon, un os, propos, le cahos, les héros.
ot, ôt	Un abricot, un Prévôt, un haricot, le cahot m'incommode, impôt.
ots, ôts	Des haricots, des dépôts, les flots.
oth, oths	Un Visigoth, des Ostrogoths.
oc, ocs	Broc de vin, croc, accroc, des accrocs, les escrocs.
om, op, oq	Automne, le galop, il a trop de sirop, un coq d'Inde.
au	Au Pérou, Autel sacré, un fléau, un auteur, du gruau.
aux	Aux invalides, je vaux, tu prévaux, une faux, tu es faux, de la chaux.
eau, eaux	Des seaux d'eau, des tableaux, un bordereau, agneau, Bordeaux.
hau	La hauteur, se hausser, sa Hautesse.
haut, hauts	Haut ton, hautbois, les hauts cris.
hô, oh, aô	Hô! que dire? oh! quelle malice! hôtel garni, la Saône.
aulx, eo	Des aulx ou des aus, la rougeole, flageolet, Georges.
aud, auds.	Le chaud, un échafaud, des crapauds, des rustauds, le maraud!
aut, auts	Un héraut d'armes, un saut, des soubresauts.
u	Du rhum, opium, Muséum, etc.

U.

u, û	De la glu, une bûche, la flûte, il est dû, une Tribu, fûmes, fûtes, piqûre, brûlure.
hu, hue	Un hurluberlu, les Huguenots, je hue, il hue, la cohue, la hure.
hues, huent	Tu hues, ils huent, des cohues.
eu, eus	Il a eu, j'eus, tu eus, ils eurent, gageure, les rives de l'Eure.
eû, eût	Eûmes, eûtes, qu'il eût.
eut, eue	Il eut, celle que j'ai eue, c'eût été.
eues	Celles que j'ai eues.
us	Jésus-Christ, je plus, tu crus, je reçus, plus tôt, des bras nus.
ut, ût	Il crut, qu'il mourût, Institut, un tribut, un statut, un substitut.
uts	Des tributs, des statuts des attributs.
ue, uë	Une statue, je salue, il distribue, il remue, aiguë, ciguë, contiguë.
ues	Tu remues, des laitues, les nues.
uent	Ils distribuent, elles concluent.
ux, ul	Le flux et le reflux, un cul de four, des culs-de-jatte.

EU.

eu, eû	Eu, (ville), un aveu, l'Hébreu, le jeûne, un feûtre, c'est un pleutre, le déjeûner.
eus	Des habits bleus, j'émeus, tu émeus.
eut	Il pleut, il s'émeut, il veut, il peut.
eue	Une robe bleue, barbe bleue, une queue, la feue Reine.
eues	Des robes bleues, des queues.
euf	Neuf chevaux.
eux	Je veux faire des heureux, tu peux, lépreux, ténébreux, ce sont eux, hargneux.
œuf	Du bœuf sâlé, un œuf dur.
œufs	Des bœufs, des œufs, les deux œufs de Léda.
œu, œux	Un vœu, des vœux, manœuvrer, le Chœur des Anges, mon cœur, une sœur.
œnd, œuds	Un nœud, de beaux nœuds.
ue	Cercueil, accueillir, orgueilleux, écueil, recueil.
œ	Mon œil, un œillet, une œillade, un clin-d'œil.
eur, eurs	La chanson de l'oublieur, des oublieurs.

OU.

ou, où	Un coucou, bravoure, poutre, se soûler, un coutre, où vas-tu ?
ous	Des cous, clous, écrous, fous, matous, mous, sous, trous, nous, vous, tous les jours, absous, dissous, résous, dessous.
oux	Doux, roux, jaloux, du houx, des bijoux, à genoux, une toux, des choux, des poux, courroux.
oue	Une houe, une proue, j'avoue, la moue.
oues	Tu secoues, les roues, les proues.
ouent	Ils nouent, elles avouent, ils trouent.
out, oût	Passe-partout, être à bout, le goût, il absout, tout, ragoût, le coût.
outs	Des bouts-rimés, des surtouts, des ragoûts, des égouts.
oud, ouds	Je couds, tu mouds, il moud, il coud.
oup	Beaucoup, un loup-garou.
oups	Des coups, des loups-garous.
Août	La fin d'Août, à la mi-Août, aoûteron, citrouille aoûtée.
oûl, oul	Un homme soûl, tout mon soûl, le plumage du soulci.
ouls	Le pouls, des hommes soûls.

(57)

AN.

an, am	Volcan, Adam, Samson, flambeau, pampre, ambiguë, une amande, antre, frangipane.
ans	Des Chambellans, les ans, des vans, dedans, sans, céans, Orléans.
anc, ancs	Un banc, un franc, les flancs, des blancs, chez les Francs.
and	Quand Roland ira à Gand, chez un Flamand, l'Allemand, marchand, Ferdinand, Ordinand, Gontrand.
ands	Les Allemands, je répands, des brigands, des tisserands, des gourmands.
ant, ants	Un gant, des brillants, le chant, les chants, le Brabant, avant, dorénavant, transcendant, des géants.
ang, angs	Le sang, une sangsue, les étangs, l'Orang-Outang, le rang.
amp	Un champ, un camp, Fécamp, (ville).
amps	Les champs, les camps.

Suite de AN.

aon	Un paon, des faons, Laon, (ville).
aen, ean	Daléchamp né à Caen, Jean de Nivelle, obligeante.
eant, eants	Obligeant, prolongeant, des marchands obligeants.
en, ent	Agir en enfant, envers nous, Henri clément, il ment, le vent, commencement, ma dent, enivré, énorgueilli, l'amende, entre, l'Avent, cent, vengeance.
ens	Le bon sens, les gens, je me repens, tu sens, l'encens, le cens, rente, à mes dépens.
ents	Les Sacrements, les dents, des onguents, deux cents francs.
end, ends	Révérend Père, il fend, je prends, tu entends, je vends, il entreprend.
em	La trempe, il tremble, Décembre, emmagasiner, emmailloter.
emps	Le temps, Printemps, contre-temps.
eng, engs	Un hareng, des harengs saurs.

(59)

IN.

in, im	Du crin, sanguin, Symbôle, syncope, simple, le Rhin, requin, le thym, thymbre, (plante), le tympan, symptôme.
ing	Une vingtaine.
ingt, ingts	Vingt tonneaux, quatre-vingts levrauts, les Quinze-Vingts.
inq, inct	Instinct, cinq cents francs.
ins	Je vins, tu tins, tu entretins, des béguins, à Provins, de fins vins.
int	Charles-Quint, il obtint.
ain	En vain, écrivain, prochain, plat d'étain, glace mise au tain, ainsi, l'Ain est flottable.
ains	Je crains, tu contrains, des pains.
aint	Il plaint, un Saint, il contraint.
ainc, aincs	Je convains, tu vaincs, il se convainc.
aim	La faim, un daim, des bas d'étaim, essaim.
aims	Des essaims, des daims.
eims	Reims en Champagne.
ein, eins	Un frein, les reins, je restreins, verre plein, éteins la lampe.
eint, eins	Il peint, j'enfreins, flacons pleins, il restreint.
eing	Sous seing-privé, des blanc-seings.
en, ens	Iduméen, Européens, Agen (ville), Sadducéens, Sabéen, Mentor, les ennemis.

ON.

on, om	Laocoon, Théopompe, innombrable, le nom, non, on ne triomphe pas, le pronom, un conte moral, un comte, une comtesse.
ons, oms	Les houblons, les pronoms, célébrons, des surnoms.
eon, eons	Un pigeon, des plongeons, nous gageons, un esturgeon, des Sauvageons.
ont	Un mont, ils font, ils voudront, ils ont, Hellespont.
onts	Des affronts, les Fonts Sacrés.
ond	Faux bond, Pharamond, il répond, elle confond, plafond, rubicond, profond.
onds	Je réponds, tu te morfonds, des fonds d'argent, mangeant son fonds.
onc, oncs	Un jonc, un tronc, des joncs, des troncs, il est donc sorti, dis donc.
ong, ongs	Long-temps, fort long, de longs cheveux blonds.

Suite de ON.

omp, omps	Mon compte, je romps, tu corromps.
ompt, ompts	Il se corrompt, il est prompt, ils sont prompts.
omb, ombs	Du plomb, des plombs, être d'aplomb, Christophe Colomb.
aon, aons	Un taon, des taons.
un, um	Dunkerque, du punch, Sainte Humbeline, l'Humbert, (fleuve), Humbligny, (village).

UN.

un, uns	Brun, un importun, commun, l'un, les uns, les Huns, Tribun, des importuns, quelqu'un, chacun, des Tribuns, Embrun, (ville).
um, ums	Il est humble, le parfum, les parfums.
unt	Un défunt, un emprunt.
unts	Les défunts, les emprunts.
eun	A jeun.

AI	IA	IÉ	IÈ	IO	O E
ai	ia	ié	iè	io	o e

OA	OI	UA	UE	UI
oa	oi	ua	ue	ui

EOI	IAI	IEU	IOU	OUE
eoi	iai	ieu	iou	oue

OUI	OUA	OUAIS
oui	oua	ouais

IAN	IEN	ION
ian	ien	ion

OIN	OUIN	UIN
oin	ouin	uin

Aïe! mon Dieu. Prenez pitié de moi. Le Diable est le père du mensonge. Les Diableries de Loudun. Courbe diacaustique. A la Saint Fiacre. Armée taillée en pièces. Avoir un pied de nez. Incomparable piéton. Le piédestal d'une statue. Vous chantiez, j'en suis bien aise. Que disiez-vous, ma nièce? Ciel! dois-je en croire mes yeux? Tendre des pièges. Lady Babiole. Prends un siège. Sur la poêle on vous fera frire. Serrurier-Poêlier. Rendez-moi mon écuelle de bois. Des vers à soie. Les Cieux instruisent la terre. Un Chrétien sur le trône est un maître vénérable. Vaudois et Albigeois. Ouais, mon petit babouin. Du cuir imperméable. L'odeur de la viande. Minuit, c'est l'heure des crimes. Le feu grégeois brûla la flotte arabe. La loi Salique. Maupertuis voyagea au Cercle polaire et Lacondamine à l'Équateur. La célèbre foire de Beaucaire. Bon vieillard, je deviendrai ton appui. Le

Solstice d'été vient au mois de Juin. Saint Pierre, prince des Apôtres. Le miel dont la jeune abeille compose son trésor. Le vilain sagouin. Un rien trouble lorsque l'on craint. Je viens vous délivrer d'un fâcheux entretien. Monsieur le Doyen est chéri de toute la Paroisse. Le froid fut très-grand en mil sept cent quatre-vingt-neuf. Les poissons ont des nageoires. Pouah! la mauvaise boisson! Un yacht est un petit vaisseau à un seul pont. La jactance ne sied à personne. Vous buviez de la bière de Louvain, avant hier. Cette lumière éclatante m'éblouit. Quoi! tu es chagrin contre le siècle des lumières. En voulant m'asseoir, j'ai écrasé une fiole. J'ai cassé ma pioche, je ne puis plus piocher. Envoie un peu de bois à ce pauvre Grégoire qui tremble de froid. Le Dimanche de la Quadragésime. Inscrire un quadrilatère dans un cercle. Plantes, oiseaux, animaux aquatiques. Le bel étui que voilà! Fuis les jeunes gens désœuvrés; ils détruiroient le fruit de nos leçons. Les moellons sont au milieu du noir comme la moelle au milieu des os. Un fiévreux endormi sous un figuier. Le Bourgeois Gentilhomme. J'aime, je respecte un simple villageois. Le bœuf pressé par l'aiguillon. Le Duc de Guise dit le Balafré. Le manche d'un poêlon. Le bézouard, espèce de pierre. Une aiguille aimantée. Pointe bien aiguisée. Le Guide, peintre célèbre. Tourner le dos à la mangeoire. Aie soin d'éviter le pieu placé dans un coin. Bayeux et Lisieux, anciennes villes, sont des chefs-lieux de Sous-Préfecture. Je me suis éloigné de la chiourme. Faire claquer son fouet. Voleur fouetté et marqué. Aïeul fait au pluriel aïeuls ou aïeux. Ton bisaïeul étoit très-instruit. Oui, j'ai assommé cette fouine. Le cordonnier a besoin de sa bouisse. Touche chuintante. Au diantre soit le fou. On trouve des oliviers dans les environs d'Olioulles, en Provence. Herbe à la ouate. Couverture ouatée. L'Imprimerie, une des plus importantes découvertes, fut inventée à Mayence, vers le milieu du quinzième siècle. Assiettes de faïence. Le Duc de Mayenne fut vaincu par Henri quatre, dans la plaine d'Ivry. La baïonnette, cette arme si meurtrière, fut fabriquée à Baïonne. Le biscaïen porte beaucoup plus loin que le fusil. Les anciens peuples étoient païens, c'est-à-dire, idolâtres ou adorateurs des faux Dieux. Je vais à pion. Nous étions cachés dans le foin, nous allions nous enfuir. Être de biais, ne point biaiser. Ce talopoin étoit grave lorsque nous passions près de lui. Le vin suinte entre deux douves. Cessez votre baragouin. Un vilain marsouin m'a cherché querelle. Un enfant montrait un poing menaçant à son miroir. Un ânier son sceptre à la main.

a-ï Aïe, il est haï, maïs, naïf, laïque.
i-a Hiatus, mariage, acariâtre, dialectique, familiarité, il pria, diamant, il simplifia, chiaoux.
i-é Société, piété, vous voudriez, supplier, se fier, crier, épier, ouvrier, vous riez, vous souriez.
i-è Prière, mais hier il m'aborde.
i-o Brioche, violer, le lis et la violette.
o-è Poème, poète, poésie, à la Noel, Noé.
o-a Cloaque, la Troade.
o-i Moïse, héroïne, héroïque, stoïque.
u-e Manuel, rituel, usuel, truelle, Emmanuel, duel.
u-i Il se ruine. Un suicide ne croit pas en Dieu.
u-a Immuable, saluade, persuader, influa.
i-ai Niaiseries, bi-ais ou biais.
i-au Miauler, piauler.
i-eu Pieux, précieux, spacieux, miséricordieusement.
ou-e Brouette, pirouette, trouer, échoué, clouer.
ou-i Ouir, l'ouie, Saint Louis.
ou-a Il secoua, il troua, escouade, Édouard.
i-an Friand, priant, suppliant, la confiance. Client, cause efficiente, ingrédient, la prescience.
i-en Italien, aérien, Phrygien, Stoïcien.
ou-an Échouant, se dévouant, secouant, trouant, louange.
i-on La Passion du Sauveur. Nous lions un lion. La ville de Lyon.

X.

cs Axe, Alexandre, Alexis, Axiome, contexture, connexité, complexe, il expédie, extrême, excavé, excuser, excommunier, extrait, exquis, excrément, exclure, expansif, s'expatrier, extravaguer, inflexible, lexique, inexplicable, lynx, le Mexique, oxycrat, paradoxe, prolixe, le sphinx, xénographie.

gz Le Xante, Xénophon, j'examine, exhéréder, exécrable, exil, exode, exact, exhumer, exemple, exalter, exhalaison, exaucer, exhausser, existence, exorcisme, hexaèdre.

ss Bruxelles, Cadix, soixante, Auxerre, à Aix, Auxonne, Luxeuil, six, dix-sept.

c Excepter, excès, excentrique, excessivement, excitatif.

z Deuxième, sixième, dixième, dix-neuf.

Expéditionnaire, contexture des muscles, Xavier, exorbitant, Son Excellence, sixièmement, exergue, exaspérer, verbes auxiliaires, figures mixtiligne, lexicographie, perplexité, Xantippe, exciter, complexité, génuflexion, vers alexandrins, hexamètres, exacteur, excentricité, larynx, extorquer, acide oxalique, inexorable, exorde brusque, la soixantaine, excédant, jour préfix, exaspérer, exaucer, exceller, mur exhaussé, vœux exaucés, index, plante exotique, les Mexicains, complexion, réflexion.

Y.

i Les azymes, la Synagogue, les Mystères sacrés; il y a un Dieu, pensez-y bien; Blaye, Biscaye, les îles Lucayes.

ii Abbaye, pays, paysan, paysage, dépayser, grasseyer, plancheyer, égayant, ayant, payer, essuyant, employé, nous balayons, nous envoyons, vous croyez, je voyois, tu déployois, tu rayois, il tutoyoit, ils aboyoient, je me noyai, je déblayai, tu te désennuyas, il s'effraya, nous renvoyâmes, vous appuyâtes, ils balayèrent, il a rayé, octroyé, foudroyé, que je ployasse, que tu te nettoyasses, qu'il se fourvoyât, que nous côtoyassions, que vous frayassiez, qu'ils broyassent, fuyons, voyage, voyelle, Royaume, Royauté, que nous ayons, que vous ayez, moyen, un métayer, loyer, foyer, joyeux, loyauté, payeur, frayeur, mitoyen, Doyen.

Y I.

ii Alors nous employions, vous vous nettoyiez, vous voyiez, nous tutoyions, nous payions, vous essuyiez; il faut que nous rudoyions, que nous croyions, que vous vous nettoyiez, que vous essuyiez, que nous fuyions, que vous vous enfuyiez.

ENT final

Comme E muet.   Comme AN.

Ils content.	Être content.
Ils couvent.	Un couvent.
Ils diffèrent.	Un différent.
Ils équivalent.	L'équivalent.
Ils excellent.	Excellent vin.
Ils expédient.	Cet expédient.
Ils évident.	Principe évident.
Ils négligent.	Un négligent.
Ils se parent.	Mon parent.
Ils précèdent.	Mot précédent.
Ils président.	Le Président.
Ils résident.	Il est résident à…

Comme E muet.   Comme AIN.

Ils châtient.	Il tient.
Ils convient.	Il convient.
Ils dévient.	Il devient.

Les étrangers affluent. Rivières affluentes. Les mots qui précèdent. Les termes précédents. Il est évident que ces ouvriers évident bien. Les élèves qui négligent leurs devoirs affligent leurs parents. Un négligent n'est pas souvent content de lui. Les vieilles gens content volontiers. Ces poules couvent dans la cave de ce couvent. Ces Présidents résident à Poitiers. Les neuf Muses président aux Beaux-Arts. Il convient que les Dames se parent moins somptueusement : l'Honneur et la Vertu les en convient. Ces enfants, d'un excellent caractère, excellent dans la Grammaire. Jamais ils ne dévient des principes de la justice. Ils se soumettent quand leurs parents les châtient. Offrir un équivalent. Il devient urgent de terminer ce différent. Nos opinions diffèrent. Les Ministres expédient des courriers. Ils ont trouvé un heureux expédient. Il est expédient de sortir. Deux décimes équivalent à vingt centimes.

CH sonne

KA dans

Achab.
Achaïe.
Achaz.
Archange.
Bacchanales.
Bacchante.
Chalcédoine.
Chalcographie.
Chaldée.
Chaldéen.
Chalybé.
Cham.
Chanaan.
Chaos.
Eschare.
Eucharis.
Eucharistie. (la S.te)
Exarchat.
Machabée.
Machaon.

KÉ dans

Achéens.
Achéloüs.
Archétype.
Chélidoine.
Chéronée.
Chersonèse.
Michel-Ange.
Orchestre.

KI dans

Archiépiscopal.
Brachial.
Brachygraphie.
Brachyptère.
Conchyle.
Chirographaire.
Chirologie.
Chiromancie.
Chiste.
Enchiridion.

KI *dans*

Conchylifère.
Chiliade.
Chiliarque.
Chiragre.
Enchymose.
Ischion. Melchior.
Melchisédech.
Orchis.

KO *dans*

Anachorète.
Archonte.
Chœur.
Chorée.
Chorège.
Chorégraphie.
Chorographie.
Choriambe.
Choriste.
Chorévêque.
Choroïde.
Chorus.
Conchoïde.
Écho.
Ichoreux.
Michol.
Nabuchodonosor.
Picholine.

KU *dans*

Bacchus.
Catéchumène.
Ischurie.

C sonne   CH *dans*

Violoncelle.
Vermicelle.

TI sonne

TI dans

tous les noms, tels que chartier, layetier, etc.;

chatier et toutes ses formes;

galimatias, tiare,
Astianax, Bastia,
amnistie, ortie,
argutie, Ostie,
dynastie, partie,
épizootie, rôtie,
Eucharistie, sacristie,
garantie, sortie,
Hostie (la S.te) Tutie,
modestie, etc.
abrutie, et autres de cette sorte;

amitié, pitié,
inimitié, tiédeur.
moitié,

CI dans

balbutier, initier, et toutes leurs formes;

les mots en *tieux*, captieux, etc.;

insatiable, partialité,
aristocratie, Béotie,
calvitie, Croatie,
Dalmatie, démocratie,
diplomatie, facétie,
Helvétie, impéritie,
ineptie, inertie,
minutie, Nigritie,
ochlocratie, péripétie,
primatie, prophétie,
Sarmatie, suprématie;
théocratie;

quotient, patient, etc.

TI *dans*		CI *dans*	
Bastien,	antienne, béotien,	Gratien,	
Chrétien,	Étienne, Capétien,	horatien,	
entretien,	abstienne, Dioclétien,	vénitien ;	
maintien,	abstiens, Domitien,		
soutien,	et autres égyptien,		
le tien,	de cette sorte ;		

nous portions,   nous adoptions et autres
nos affections,   de cette sorte ;
nous mettions ;   les noms, comme les
                   portions, les affections,
                   une adoption, etc.

aitiologie ;			
Bastien,	indigestion,	abbatial,	essentiel,
bastion,	question,		
combustion,	suggestion,	impartial,	pénitentiel,
digestion,	mixtion ;	initial,	partiel,
Ephestion,	bestial,	martial,	pestilentiel,
gestion,	nuptial.	primatial ;	substantiel,
			etc.

                 psaumes pénitentiaux.

GN a un son dur *dans*

ag-nat,
cog-nat,
diag-nostic,
Gnide,
Gnome,
ig-name,

inexpug-nable,
ig-né,
impreg-nation,
Prog-né,
reg-nicole,
stag-nation, etc. etc.

GRANDES LECTURES.

L'ORAISON DOMINICALE.

SEPT DEMANDES.

Notre Père, qui êtes dans les Cieux,
1.re Que votre Nom soit sanctifié :
2.me Que votre Règne arrive :
3.me Que votre volonté soit faite en la terre, comme au Ciel :
4.me Donnez-nous aujourd'hui notre pain de chaque jour :
5.me Pardonnez-nous nos offenses, comme nous pardonnons à ceux qui nous ont offensés :
6.me Et ne nous laissez pas succomber à la tentation :
7.me Mais délivrez - nous du mal.
Ainsi soit - il.

LA SALUTATION ANGÉLIQUE.

Je vous salue, Marie, pleine de grâce : le Seigneur est avec vous : vous êtes bénie entre toutes les femmes, et Jésus, le fruit de votre sein, est béni.

Sainte Marie, Mère de Dieu, priez pour nous, pauvres pécheurs, maintenant et à l'heure de notre mort. Ainsi soit-il.

LE SYMBOLE DES APOTRES.

DOUZE ARTICLES.

1.er Je crois en Dieu le Père Tout-Puissant, Créateur du Ciel et de la Terre :

2.me Et en Jésus-Christ son Fils unique, notre Seigneur :

3.ᵐᵉ Qui a été conçu du Saint-Esprit, est né de la Vierge Marie :

4.ᵐᵉ Qui a souffert sous Ponce-Pilate, a été crucifié, est mort, a été enseveli.

5.ᵐᵉ Qui est descendu aux Enfers, et le troisième jour est ressuscité des morts :

6.ᵐᵉ Qui est monté aux Cieux, est assis à la droite de Dieu le Père Tout-Puissant :

7.ᵐᵉ D'où il viendra juger les vivants et les morts.

8.ᵐᵉ Je crois au Saint-Esprit ;

9.ᵐᵉ La Sainte Église Catholique, la Communion des Saints ;

10.ᵐᵉ La rémission des péchés ;

11.ᵐᵉ La résurrection de la chair ;

12.ᵐᵉ La Vie éternelle. Ainsi soit-il.

LE DÉCALOGUE,

Ou les dix Commandements de Dieu.

---

1. Un seul Dieu tu adoreras,
 Et aimeras parfaitement.
2. Dieu en vain tu ne jureras,
 Ni autre chose pareillement.
3. Les Dimanches tu garderas,
 En servant Dieu dévotement.
4. Tes Père et Mère honoreras,
 Afin que tu vives long-temps.
5. Homicide point ne seras,
 De fait ni volontairement.
6. Luxurieux point ne seras,
 De corps ni de consentement.
7. Les biens d'autrui tu ne prendras
 Ni retiendras à ton escient.
8. Faux témoignage ne diras,
 Ni mentiras aucunement.
9. L'œuvre de la chair ne désireras
 Qu'en mariage seulement.
10. Biens d'autrui ne convoiteras,
 Pour les avoir injustement.

LES SIX COMMANDEMENS
DE L'ÉGLISE.

1. Les Fêtes tu sanctifieras,
   Qui te sont de commandement.

2. Les Dimanches Messe ouïras,
   Et les Fêtes pareillement.

3. Tous tes péchés confesseras,
   A tout le moins une fois l'an.

4. Ton Créateur tu recevras
   Au moins à Pâques humblement.

5. Quatre-Temps, Vigiles jeûneras,
   Et le Carême entièrement.

6. Vendredi chair ne mangeras,
   Ni le Samedi mêmement.

ACTES DES APOTRES.

ACTE DE FOI.

Mon Dieu, je crois fermement tout ce que croit et enseigne l'Église catholique, parce que vous, qui êtes la vérité même, le lui avez révélé.

ACTE D'ESPÉRANCE.

Mon Dieu, appuyé sur vos promesses et sur les mérites de Jésus-Christ, j'attends avec confiance les biens que vous m'avez promis; votre grâce en ce monde et la vie éternelle dans l'autre.

ACTE DE CHARITÉ.

Mon Dieu, je vous aime de tout mon cœur, de toute mon ame, de toutes mes forces, pardessus toutes choses, parce que vous êtes infiniment aimable, et j'aime mon prochain comme moi-même pour l'amour de vous.

ACTE DE CONTRITION.

Mon Dieu, je suis très-fâché de vous avoir offensé, parce que vous êtes infiniment bon, souverainement aimable et que le péché vous déplaît : je vous en demande très-humblement pardon, par les mérites de Jésus-Christ; et je me propose, moyennant votre sainte grâce, de ne vous plus offenser et de faire pénitence.

Morceaux extraits de différents Ouvrages.

SAINT LOUIS, ROI DE FRANCE.

La Reine Blanche, mère de saint Louis, lui disoit quelquefois, lorsqu'il étoit encore enfant : « Mon fils, vous savez quelle tendresse j'ai pour » vous : j'aimerois pourtant mieux vous voir mort » que souillé d'un péché mortel. » Louis, élevé par cette Princesse, à la fois tendre et sévère, devint le plus parfait de son siècle, et il n'est point de vertu dont il n'ait donné l'exemple : mille traits en sont la preuve. Sa douceur, sa piété, sa modestie, son équité et son courage seront à jamais célèbres.

RÉPONSE INGÉNIEUSE D'UN JEUNE CHRÉTIEN.

Un enfant indien, âgé seulement de huit ans, se trouvant dans un lieu public où les principaux du lieu étoient réunis, l'un d'eux se mit à plaisanter sur la Religion chrétienne. Le jeune enfant qui étoit de cette Religion, répondit quelques mots à ce railleur. Pour l'embarrasser, on lui dit de montrer son Dieu. « Mon Dieu, répondit-il, est le » Créateur de l'Univers : c'est un pur esprit, je » ne puis donc vous le montrer ; mais je vous mon-

» trerai bien le vôtre. » Il prit en même-temps une pierre, barbouilla dessus une figure humaine, la posa à terre avec un air de cérémonie; puis, la poussant loin de lui d'un coup de pied : « Voilà, » s'écria-t-il, le dieu que vous adorez ! » Tout le monde loua cette double réponse de l'enfant, et l'indiscret questionneur se retira couvert de honte et plein de confusion.

LE VRAI CHRÉTIEN.

Représentez-vous un véritable Chrétien, et vous avouerez qu'il n'est rien de si grand sur la terre. Maître de ses désirs et de tous les mouvemens de son cœur; exerçant un empire glorieux sur lui-même; possédant son ame dans la patience et dans l'égalité, et régissant toutes ses passions par le frein de la tempérance; humble dans la prospérité, constant dans la disgrâce, joyeux dans les tribulations, paisible avec ceux qui haïssent la paix, insensible aux injures, sensible aux afflictions de ceux qui l'outragent, fidèle dans ses promesses, religieux dans ses amitiés, inébranlable dans ses devoirs; peu touché des richesses qu'il méprise, embarrassé des honneurs qu'il craint; plus grand que le monde entier qu'il regarde comme un monceau de poussière : quelle élévation !

OBÉISSANCE A DIEU ET A NOS PARENTS.

Dans une occasion difficile, un enfant de treize à quatorze ans, sut obéir à la fois à Dieu et à son père, et remplir ainsi les deux principaux devoirs d'un Chrétien.

Cet enfant venoit de faire sa première Communion, et on étoit dans le saint temps de Carême. Son père ne fit servir la table qu'en gras, et répondit au refus que faisoit l'enfant de toucher aux différents mets. « Puisque vous ne voulez pas ce » que je vous offre, vous ne mangerez que du pain. » « Volontiers, papa, dit le fils, sans montrer la » moindre humeur. La Religion m'apprend que je » dois vous obéir comme à Dieu, et lorsque vous » ne m'ordonnerez rien qui soit contraire à sa loi, » je ne serai pas moins soumis à vos ordres qu'aux » siens. » Le père mit son arrêt à exécution, et pendant plusieurs jours l'enfant ne mangea que du pain. La mère émue et affligée, lui porta quelques aliments maigres, en l'invitant à les manger en cachette; mais celui-ci refusa d'y toucher, et comme la mère le pressoit de s'en nourrir : « Non, » maman, lui répondit-il, jamais je n'y consentirai. » Papa a dit expressément, en votre présence, » qu'il vouloit que je n'eusse que du pain pour

« toute nourriture; mon devoir est de lui obéir, et
« je ne mangerai que du pain. Je puis vivre avec
« ce seul aliment; mais dussé-je mourir de faim,
« je préférerois la mort à la désobéissance. » Ces
mots rapportés au père, le firent rentrer en lui-
même, et il changea entièrement le service de sa
table.

L'AMOUR DE DIEU.

Les effets les plus ordinaires de l'amour de Dieu
sont une douceur inaltérable, une humanité sincère, une patience à l'épreuve de tout; les adver-
sités l'excitent, le feu de la persécution l'embrase,
la mortification le nourrit. C'est une erreur de
croire que l'amour de Dieu ignore les devoirs de la
société et les bienséances; rien n'inspire tant d'hon-
nêteté, de charité, de politesse même, que la véritable piété. Les chagrins naissent d'un cœur agité
et inquiet; l'amour divin tranquillise le cœur et
répand une onction intérieure qui l'amollit et rend
même l'esprit pliant et souple. C'est cette résigna-
tion parfaite aux volontés du Seigneur, c'est cette
paix de l'ame qui produit l'innocence, qui cause
cette égalité d'honneur, cette douceur inaltérable,
cette générosité, cet assemblage de vertus dans
tous ceux qui aiment véritablement Dieu.

LA RELIGION.

Qu'est-ce que la Religion? une philosophie sublime qui démontre l'ordre, l'unité de la nature, et explique l'énigme du cœur humain; le plus puissant mobile pour porter l'homme au bien, puisque la Foi le met sans cesse sous l'œil de la Divinité, et qu'elle agit sur la volonté avec autant d'empire que sur la pensée; un supplément de la conscience, qui commande, affermit et perfectionne toutes les vertus; établit de nouveaux rapports de bienfaisance sur de nouveaux liens d'humanité; nous montre dans les pauvres des créanciers et des juges, des frères dans nos ennemis, dans l'Être-Suprême un père; la religion du cœur, la vertu en action, le plus beau de tous les codes de morale, et dont tous les préceptes sont autant de bienfaits du Ciel.

L'INCRÉDULE.

Savez-vous bien ce que c'est qu'un incrédule? C'est un homme sans mœurs, sans probité, sans foi, sans caractère, qui n'a plus d'autre règle que ses passions, d'autre loi que ses injustes pensées, d'autre maître que ses désirs, d'autre frein que la crainte de l'autorité, d'autre dieu que lui-même;

enfant dénaturé, puisqu'il croit que le hasard lui a donné des pères; ami infidèle, puisqu'il ne regarde les hommes que comme les tristes fruits d'un assemblage bizarre et fortuit, auquel il ne tient que par des liens passagers; maître cruel, puisqu'il est persuadé que c'est le plus fort et le plus heureux qui a toujours raison : car qui pourroit désormais se fier à vous? vous ne craignez plus de Dieu, vous ne respectez plus les hommes; vous n'attendez plus rien après cette vie; la vertu et le vice vous paroissent des préjugés de l'enfance, et les suites de la crédulité des peuples. Les adultères, les vengeances, les blasphêmes, les noires perfidies, les abominations qu'on n'oseroit nommer, ne sont plus pour vous que des défenses humaines, et des polices établies par la politique des Législateurs. Les crimes les plus affreux et les vertus les plus pures, tout est égal selon vous, puisqu'un anéantissement éternel va bientôt égaler le juste et l'impie, et les confondre pour toujours dans l'horreur du tombeau. Quel monstre êtes vous donc sur la terre? L'idée qu'on vient de vous donner de vous-même, flatte-t-elle beaucoup votre orgueil? et pouvez-vous en soutenir la seule image?

HÉROÏSME D'UN SAINT ÉVÊQUE.

Après avoir ruiné les villes de Cologne, de Trèves, de Metz, de Reims, de Besançon et toutes les meilleures places qu'ils avoient rencontrées sur leur passage, les Huns, sous la conduite du terrible Attila, leur Roi, menaçoient la ville de Troyes de lui faire subir le même sort. Déjà ces barbares s'avançoient contre cette place, en préludant à sa dernière calamité par le sang et le feu dont ils marquoient toute leur route, quand l'Evêque, saint Loup entreprit de la sauver. Cet intrépide Pasteur alla au-devant du Prince farouche dont la seule figure imprimoit l'effroi. Il étoit d'une taille médiocre, mais d'une carrure énorme, avoit la poitrine large, la tête extrêmement grosse, les yeux petits, mais étincelants, le nez plat, les cheveux négligés, le teint extraordinairement brun, de manière que son aspect, joint à la fierté de sa démarche, et aux mouvements convulsifs dont il étoit perpétuellement agité, suffisoit pour inspirer la terreur et justifioit le nom de FLÉAU DE DIEU qu'il se plaisoit à prendre. Loup, supérieur à l'effroi général, l'aborde et lui demande ce qu'il prétend. « Ignores-tu qui je suis? répartit Attila. Le fléau » du Dieu vengeur remplit sa destinée. Et moi,

„ répliqua le Saint, je suis un loup dépouillé de sa
„ férocité naturelle, et commis à la garde du trou-
„ peau du Dieu de miséricorde. Epargnez-en les
„ foibles brebis, et ne frappez que le Pasteur. „
Cette assurance et ce généreux dévouement plu-
rent au Hun farouche. Il sentit que le Dieu dont il
se disoit le vengeur, pouvoit seul inspirer tant de
courage et de fermeté. Sa férocité s'adoucit; Troyes
fut sauvée, et en exaltant la charité héroïque du
saint Prélat à qui ils devoient leur salut, les ha-
bitans de cette ville reconnurent qu'un Pasteur
charitable est le don le plus précieux que le Ciel
puisse faire à un peuple.

DÉVOUEMENT PASTORAL.

Lorsque la Paroisse de Boult-sur-Suippe, étoit
submergée, le Curé s'étoit réfugié dans l'église
avec ses paroissiens, espérant que les eaux ne vien-
droient pas gagner cette retraite; mais, en moins
d'une heure, elle fut investie de tous les côtés,
et le danger devenoit très-pressant. Alors le bon
Curé ne prenant conseil que de son humanité,
charge sur ses épaules le plus âgé de ses paroissiens,
traverse parmi les glaçons une rivière qui avoit
plus de quatre pieds d'eau de profondeur; et,

après avoir exposé mille fois sa vie, va déposer dans un lieu sûr son précieux fardeau : il retourne de suite à son église, se charge d'un autre vieillard, le sauve et recommence seize fois le même voyage, toujours avec un égal succès.

L'auteur d'une si belle action est M. Husson, Curé alors à portion congrue de la paroisse de Bouh-sur-Suippe. Comme ses Supérieurs l'en félicitoient, et lui demandoient comment il seroit possible de l'en récompenser, il leur répondit avec sa modestie accoutumée : « Le Pasteur doit donner sa
» vie pour ses brebis; ainsi, je n'ai pas grand mé-
» rite d'avoir exposé la mienne. Tout ce que je
» demande, si l'on veut me récompenser d'avoir
» fait mon devoir, c'est de ne pas faire payer à
» mes pauvres paroissiens les trois cents livres
» qu'il coûtera pour faire réparer mon presbytère. »

Ah! que la Religion qui inspire de pareils sentiments est grande et sublime! Combien elle est digne de nos hommages et de notre admiration!

LES BOURBONS.

Depuis plus de huit siècles, la France est gouvernée par des Monarques issus du même sang. Connoissez-vous sur la terre une race meilleure; une plus longue suite de Rois pieux, vaillants et bons, plus faits pour occuper un trône, et plus dignes de commander à des hommes? La France, je le sais, a eu quelques méchants Princes, ses jours de décadence comme de gloire, d'infortune comme de prospérité : telle est la commune destinée de tous les peuples de la terre. Mais où trouver en Europe une Nation qui ait été pendant huit cents ans plus heureusement et plus glorieusement gouvernée que la nôtre par des Princes d'une même dynastie?

Faut-il rappeler ici ce Louis VI, nouveau fondateur de la Monarchie, et ce Philippe qui mérita et qui a gardé le titre d'Auguste, et ce saint Louis, grand homme de guerre comme grand législateur, qui sut toujours être Roi en Chrétien et Chrétien en Roi; et ce Charles dont le surnom atteste encore la haute sagesse; et ce Louis XII, le Père du Peuple; et ce François Ier, le Père des Lettres; et ce bon, ce grand Henri, dont la mémoire sera éternellement populaire; et ce Louis-le-Grand qui a donné son nom au plus beau des siècles; et cet immortel Duc de Bourgogne, qui promettoit à la France un règne si beau; et ce Dauphin, plus rapproché de nous, qui joignoit tant de lumières à tant de vertus; et ce Monarque aussi bon qu'infortuné, dont je n'ose ici prononcer le nom, dont le souvenir nous accable, dont le cœur ne sut qu'aimer et pardonner, et qui, aujourd'hui, est un des anges tutélaires de la France, après avoir été victime de son amour pour elle? Je crois voir ces longues générations de Rois, se lever de leurs sépulcres, nous apparoître dans ce temple, toutes rayonnantes de gloire et de majesté, et présenter elles-mêmes au peuple françois l'héritier de leur trône et de leur puissance.

APOLOGIE DE LA RELIGION.

Il est un lien plus puissant que tous les autres, auquel l'Europe entière doit aujourd'hui l'espèce de société qui s'est perpétuée entre ses membres, le Christianisme. Méprisé à sa naissance, il servit d'asile à ses détracteurs, après en avoir été si cruellement et si vainement persécuté. Quelques prétendus esprits forts disent que *le Christianisme est gênant*; c'est avouer qu'on est incapable de porter le joug des vertus qu'il commande.

Il est nuisible, disent-ils; c'est fermer les yeux aux avantages les plus sensibles, les plus indispensables qu'il procure à la société.

Ses devoirs excluent ceux du citoyen; c'est le calomnier manifestement, puisque le premier de ses préceptes est de remplir les devoirs de son état.

Il favorise le despotisme, l'autorité arbitraire des Princes; c'est méconnoître son esprit, puisqu'il déclare dans les termes les plus énergiques que les Souverains, au tribunal de Dieu, seront jugés plus rigoureusement que les autres hommes, et qu'ils paieront avec usure l'impunité dont ils auront joui sur la terre.

La foi qu'exige le Christianisme contredit et humilie la Raison; c'est insulter à l'Expérience et à la Raison même, que de regarder comme humiliant un joug qui soutient cette Raison toujours vacillante, toujours inquiète, quand elle est abandonnée à elle-même.

Que deviendroit donc le monde, que deviendroient ceux qui l'habitent, si, par la douceur de ses consolations, par l'attrait de ses espérances, par les contemplations inestimables qu'elle offre aux malheureux, la Religion n'adoucissoit dans cette vie les maux inévitables à chaque individu et plus encore aux gens de bien?. . . . .
Le mal du Chrétien n'est, aux yeux de la Foi, qu'un mal passager, et toujours propre à lui mériter des récompenses éternelles. Le mal du philosophe est un aiguillon pour sa malice, un sujet

pour ses révoltes, un ferment pour son honneur, un motif d'industrie et d'iniquité.

Par la Religion seule, les maux cessent d'être ce qu'ils sont; par elle seule, souffrir est un moindre mal que de goûter les douceurs de la vie au préjudice de sa conscience et de ses devoirs; par elle seule, l'homme élevé au-dessus de lui même, se dérobe en quelque sorte aux mauvais traitements, à la persécution, à l'iniquité, pour se reposer sous ses auspices, dans un centre de bonheur et de paix au-dessus de tous les revers.

L'ÉCRITURE SAINTE.

Un monument existe, qu'il n'est pas permis de comparer aux œuvres de l'homme, mais qui nous offre d'abord toute réalisée la perfection idéale du génie poétique; c'est vous que j'atteste, Saintes Ecritures, tracées par des mortels choisis, sous la dictée de *Dieu* même. Ici se manifeste l'inspiration dans sa pureté la plus sublime. Elle est évidente et hautement avouée; la Religion la proclame, et devant elle s'humilie respectueusement le monde chrétien. Ici encore éclate l'imagination dans toute sa splendeur, car il falloit que les paroles divines fussent transmises à des mortels par une bouche mortelle.

O incomparable magnificence! Combien de beautés nobles et touchantes dans ce livre sacré! Quelle variété, quel éclat et quelle simplicité tout ensemble! Le poète chante la création de l'Univers : ô merveille! le génie du poète n'est pas au-dessous d'un tel sujet! Un seul mot nous rend comme présents à l'œuvre du *Créateur*; à sa parole, nous voyons naître ce qui n'étoit pas. Immobiles de respect et de crainte, nous nous perdons dans un étonnement infini............tant l'inspiration divine a de force! tant elle sait se revêtir d'images éclatantes pour se manifester à nous!

Ici, le Roi-prophète s'abandonne à cet enthousiasme sacré. Il confie au *Seigneur* ses joies et ses douleurs, ses regrets et ses espérances. Jamais la lyre ne rendit des sons plus éloquents; jamais des traits plus variés et plus frappants ne figurèrent aux yeux des hommes de plus religieuses pensées.

Là, par la voix d'Isaïe, *l'Esprit saint* impose silence au Ciel et à la Terre, il vient annoncer au peuple infidèle les vengeances du *Seigneur*. Plein de l'inspiration divine, le prophète pour la rendre sensible, puise dans un carquois inépuisable les traits brûlants de l'imagination. Il ne craint pas de faire apparoître Dieu même; il nous découvre les

Séraphins enflammés qui gardent le trône de Jéhovah, et nous fait entendre l'hymne de l'éternel amour.

Et toi, sombre Ezéchiel, et toi aussi, inconsolable Jérémie, *l'Esprit Saint* qui vous agite donne une force pénétrante à vos menaces et à vos gémissements. Ministre de votre enthousiasme, l'imagination vous prête ses armes puissantes. Des images vives étalent aux yeux de Jérusalem sa honte, ses forfaits, et déjà lui montrent dans un avenir prochain son châtiment inévitable.

Entendez-vous ce mortel qui adresse au *Seigneur* des plaintes si touchantes? Il n'y a qu'un moment, on le voyoit élevé au-dessus de tous les fils des hommes; et le voilà brisé par le malheur! Il a toujours marché dans la voie des justes, et le souffle de la colère divine a fait écouler ses jours comme une eau fugitive! Mais il s'abaisse sous la main qui le frappe : il respecte le secret de *l'Eternel*.

Naïve innocence des premiers âges! tendres et généreux sentiments! vous venez aussi vous peindre dans ce livre avec les plus fraîches couleurs. Aimable fille de Noémi, qu'on éprouve une vertueuse émotion à la vue de ta piété filiale! Qu'on est séduit agréablement par cette teinte si douce et si délicate que le poète inspiré a su répandre sur le plus gracieux tableau !

Près de la poésie des Saintes Écritures, la poésie profane est comme ces étoiles lumineuses qui disparoissent devant l'éclat du Soleil. La poésie sacrée coule incessamment, sans travail, sans effort, d'une source intarissable; le génie des poètes profanes est bien moins indépendant et moins facile, même dans ses plus admirables créations. Il n'y a rien d'humain dans la poésie des Écritures; jamais dans les autres poètes, l'homme ne disparoît en entier.

LE CURÉ DE CAMPAGNE.

Le Pasteur, sur lequel la Politique peut-être ne daigne pas abaisser ses regards, ce ministre relégué dans la poussière et l'obscurité des campagnes, dans ces hameaux souvent habités par des malheureux, voilà l'homme de Dieu qui les éclaire et l'homme d'État qui les calme. Simple comme eux, pauvre avec eux, parce que son nécessaire même devient leur patrimoine, il les élève au-dessus de l'empire du Temps, pour ne leur laisser ni le désir de ses trompeuses promesses, ni le regret de ses fragiles

félicités. A sa voix, d'autres cieux, d'autres trésors s'ouvrent pour eux; à sa voix, ils courent en foule aux pieds de ce Dieu qui compte leurs larmes, ce Dieu, leur éternel héritage, qui doit les venger de cette exhérédation civile à laquelle une Providence qu'on leur apprend à bénir les a dévoués................
Je ne sais quelle onction puissante s'échappe de nos tabernacles; le sentiment toujours actif de cette autre vie qui nous attend, adoucit dans les pauvres toute l'amertume de la vie présente. *Ah! la foi n'a point de malheureux :* ces mystères de miséricorde dont on les environne, ces ombres, ces figures, le traité de protection et de paix qui se renouvelle, dans la prière publique, entre le ciel et la terre, tout les remue, tout les attendrit dans nos temples; ils gémissent, mais ils espèrent, et ils en sortent consolés.

Ce n'est pas tout : garant des promesses divines, ce Pasteur, cet ange tutélaire les réalise, en quelque sorte, dès cette vie, par les secours, par les soins les plus généreux, les plus constants : je dis les soins ; et peut-être, hommes superbes, n'avez-vous jamais compris la force et l'étendue de cette expression! Peignez-vous les ravages d'un mal épidémique, ou plutôt placez-vous dans ces cabanes infectes, habitées par la Mort seule, incertaine sur le choix de ses victimes : hélas! l'objet le moins affreux qui frappe vos regards, est le mourant lui-même; épouse, enfants, tout ce qui l'environne semble être sorti du cercueil pour y rentrer pêle-mêle avec lui. Si l'horreur du dernier moment est si pénétrante au milieu des pompes de la vanité, sous le dais de l'opulence, qui couvre encore de son faste l'orgueilleuse proie que la mort lui arrache, quelle impression doit-elle produire dans les lieux où toutes les misères et toutes les horreurs sont rassemblées! Voilà ce que bravent le zèle et le courage pastoral. La nature, l'amitié, les ressources de l'art, le ministre de la Religion seul remplace tout; seul au milieu des gémissements et des pleurs, livré lui-même à l'activité du poison qui dévore tout à ses yeux, il l'affoiblit, il le détourne; ce qu'il ne peut sauver, il le console, il le porte jusque dans le sein de Dieu; nuls témoins, nuls spectateurs, rien ne le soutient; ni la gloire, ni le préjugé, ni l'amour de la renommée, ces grandes foiblesses de la nature, auxquelles on doit tant de vertus; son ame, ses principes, le Ciel qui l'observe, voilà sa force et sa récompense. Le monde, cet ingrat qu'il faut plaindre et servir, ne le connoît pas : s'occupe-t-il, hélas! d'un citoyen utile, qui n'a d'autre mérite que celui de vivre dans l'habitude d'un héroïsme ignoré ?

LE CURÉ DE VILLE.

L'institution des Curés est un des plus grands bienfaits de notre sainte Religion. Dans les villes, ce sont eux seuls qui ont le droit d'émouvoir les entrailles du riche, d'avoir un zèle au-dessus des timides bienfaisances, d'arracher quelque chose aux immenses besoins du luxe, et de faire subsister, sans la dégrader, l'extrême misère à côté de l'extrême opulence. Dire ce qu'un Curé peut faire, c'est dire ce qu'a fait M. Claude Léger, ancien Curé de Saint-André-des-Arts, à Paris. Son zèle ne s'étoit point renfermé dans l'enceinte du temple et dans les fonctions solennelles du Ministère; il savoit la vigilance et l'activité continuelles qu'un Pasteur doit étendre sur toutes les parties de son troupeau. Sans porter ses recherches au-delà des bornes de la discrétion, comme l'œil de la Providence, il pénétroit jusque dans le secret des cœurs. Toutes ses brebis, il les connoissoit. Point d'artisan si obscur, point d'enfant si pauvre, dont il ne connût le nom, la conduite, la situation, jusqu'aux traits du visage. Malgré sa confiance dans ses coopérateurs, il eût voulu pouvoir remplir lui seul toutes les fonctions pastorales. Du moins se réservoit-il le droit de marcher le premier, à toutes les heures de la nuit comme du jour, au secours de tous les affligés, de tous les infirmes, de tous les mourants.

Le peuple, voilà le premier ami des Pasteurs. Au riche, la préférence des égards; au pauvre, la préférence des sentiments. M. Léger alloit le visiter dans ses sombres demeures. Avec quelle patience il écoutoit les longs récits de ses chagrins et de ses infortunes! Simple comme ces bonnes gens, pauvre avec eux, parce que son nécessaire étoit leur patrimoine, il les menoit aux pieds de ce Dieu qui compte leurs larmes, et là, il adoucissoit les amertumes de la vie présente par l'espérance de l'immortalité.

Avec l'amour de Dieu qui rend tout possible, et celui du prochain par qui tout est facile, toujours occupé à faire du bien, il eût vécu sa porte ouverte. Ses murs le couvroient sans le cacher; sa vue inspiroit l'estime et la confiance. Jamais il ne renvoyoit au lendemain celui qu'il pouvoit obliger le jour même. Les bienfaits accordés de mauvaise grâce lui paroissoient un pain dur qu'un affamé reçoit par nécessité, et mange avec déplaisir. Sans doute, il a trouvé des ingrats; mais n'est-on pas consolé quand on trouve un homme de bien à la suite d'une foule de méchants? Où M. Léger trouvoit-il des fonds pour tant d'aumônes? Mais l'homme généreux a-t-il besoin d'être opulent? Sa simplicité, sa frugalité, ses pieuses privations, c'étoient ses trésors. M. Léger, dévoué sans ostentation au bien public, fut un bon Pasteur, un sage Directeur, un Prêtre vertueux. Voilà tous les événements de sa vie. On ne lui en érigea pas moins un monument. Le plus éloquent des Evêques a prononcé son éloge. Il fut pleuré et béni; les larmes et les bénédictions ne se commandent pas. M. Léger avoit choisi pour ses héritiers *ceux qui ont faim, ceux qui ont soif et ceux qui sont nus.*

Renfermez dans ce tableau tous les Curés des diverses paroisses de France, et vous aurez le récit fidèle du bien que ces respectables Pasteurs font chaque jour sans aucune ostentation, sous le voile impénétrable du plus profond secret, et avec cette délicatesse bienfaisante qu'on doit attendre des ministres de Dieu.

CONSTANTIN, EMPEREUR,

OU LE TRIOMPHE DE LA RELIGION.

Pour montrer aux hommes que la Religion étoit son ouvrage, et que, comme lui seul l'avoit établie sur la terre, lui seul pouvoit aussi l'y maintenir et l'y conserver, Dieu permit que pendant trois siècles elle fut en butte aux plus violentes persécutions, sans que la rage de ses persécuteurs pût affoiblir le zèle ou diminuer le nombre de ses disciples. Mais, après l'avoir ainsi miraculeusement protégée dans les longs et rudes combats qu'elle eut à soutenir, il voulut enfin la faire triompher dans tout l'Univers; et c'est ce qu'il exécuta par le prodige éclatant qu'il opéra en faveur de l'Empereur Constantin. Quoique ce Prince eût été reconnu chef de l'Empire, il sentit que pour vaincre Maxence, qui lui disputoit ce titre avec des forces supérieures aux siennes, il avoit besoin d'intéresser le Ciel dans son parti. Il s'adressa donc au Dieu qu'avoit adoré son père, Constance Chlore, et le conjura, par des vœux ardents, de se faire connoître de même au fils : le cœur de ce Prince étoit droit, il fut exaucé ; et l'Eternel, en choisissant le moins puissant des Empereurs pour faire triompher son Eglise, voulut rendre encore plus sensible le miracle de sa protection.

Peu après l'heure de midi, Constantin, marchant à la tête de son armée, aperçut au milieu du Ciel une croix étincelante de lumière. On y lisoit en caractères non moins éclatants : *Triomphez par ce Signe*. Toute l'armée, aussi bien que l'Empereur, vit cet étrange phénomène, et chacun se livra à ses réflexions. Plus frappé que personne, le Prince pensa, le reste du jour, à ce que pouvoit présager cette merveille. *Jésus-Christ* lui apparut pendant la nuit avec le même Signe, lui ordonnant de faire un étendard sur le modèle de cette Croix, et de le porter dans les combats, comme une sauve-garde contre les attaques de ses ennemis.

Une protection aussi visible du Ciel inspira le plus intrépide courage au commandant et aux troupes : on ne demanda plus qu'à combattre. Les passages des montagnes et toute l'Italie étoient inondés des troupes de Maxence ; il avoit quatre armées nombreuses à opposer à Constantin suivi seulement de vingt-quatre mille hommes ; mais rien ne put tenir devant ce héros guidé par le Ciel. Il força, l'épée à la main, les défilés et les retranchements ; la terreur se répandit avec les troupes dans la plaine : tout plia, tout se dissipa. Les meilleures villes ouvrirent leurs portes, et vinrent offrir leurs services. Cependant le Préfet du Prétoire, qui commandoit, sous les remparts de Vérone, la plus forte des armées de Maxence, et tout ce qui s'y étoit refugié des autres après leurs défaites particulières, fit une courageuse résistance. Le combat fut long et sanglant. Constantin s'exposoit comme un simple soldat, mais le Seigneur le couvrit de sa protection. Enfin, le Préfet tomba mort, et ce ne fut plus qu'une déroute : tout se soumit jusqu'aux portes de Rome, où Maxence étoit renfermé, et où il se vit bientôt assiégé. Le vingt-huitième jour d'octobre de l'an trois cent douze, Constantin mit ses troupes en bataille, et s'approcha de Rome. La nuit précédente il avoit été averti, dans une seconde vision, de faire graver le monogramme du Christ sur le bouclier de ses soldats. Ce témoignage réitéré de l'assistance divine, remplit toute son armée d'une nouvelle ardeur. En vain les Prétoriens intéressés à soutenir le parti de Maxence, firent-ils les derniers efforts pour lui conserver l'Empire, tout fut inutile, tout fut renversé et se débanda. La cavalerie étoit enfoncée, aussi bien que les gens de pied, Maxence tourna bride pour entrer dans Rome; mais le Ciel attendoit le coupable au piége que lui-même avoit tendu. Sous la multitude des fuyards, le pont de bateaux se rompit. Maxence, à cheval et tout armé, tomba dans le Tibre où il se noya. Après cette éclatante victoire, Constantin entra triomphant dans la ville de Rome; mais il n'eut rien de plus à cœur que d'y faire triompher la Religion avec lui. Il voulut que la première statue qu'on lui érigea depuis sa victoire, dans la capitale de l'Empire, le représentât tenant, au lieu de pique, une longue Croix avec cette inscription conforme à celle de la vision miraculeuse : *Par la vertu de ce Signe salutaire, j'ai délivré votre ville de la tyrannie, et j'ai rendu au Sénat et au Peuple Romain sa liberté et sa première splendeur.*

CLOVIS, OU LA FRANCE DEVENUE CHRÉTIENNE.

Les Allemands, nation belliqueuse de la Germanie, à laquelle ils donnèrent leur nom dans la suite, passèrent le Rhin l'an 496, et tombèrent d'abord sur le Royaume de Sigebert, prince françois de la maison de Clovis, et qui régnoit à Cologne. Clovis marcha en diligence contre eux, et après avoir joint Sigebert, il alla à l'ennemi, qu'il trouva dans les fameuses plaines de Tolbiac : il commença le combat par invoquer ses Dieux, car il étoit payen; mais ils furent sourds à sa prière. Sigebert ayant été blessé au genou, ses troupes prirent la fuite, et celles de Clovis commençoient à plier et à se rompre.

Dans cette extrémité, Clovis se souvenant des leçons de Clotilde, sa pieuse épouse, ou selon d'autres auteurs, averti par Aurélien, seigneur gaulois, qui commandoit à ses côtés, leva au Ciel ses yeux baignés de larmes, et dit à haute voix : « Jésus-Christ, vous que Clotilde assure être le » fils du Dieu vivant; si, comme on le publie, » vous donnez des secours aux malheureux, et la » victoire à ceux qui espèrent en vous, j'implore » instamment votre assistance : si vous me faites » triompher de mes ennemis, je croirai en vous, » et je me ferai baptiser en votre nom; car j'ai » invoqué mes Dieux en vain : il faut bien qu'ils » n'aient aucun pouvoir, puisqu'ils ne secourent » pas ceux qui les adorent. » A peine ce Prince avoit-il achevé cette prière, que la victoire passa tout-à-coup du côté des François. Les Allemands prirent la fuite, et presque tous ceux qui échappèrent au carnage, se rendirent à discrétion.

On ne peut douter que le Dieu des armées n'eût

combattu pour une victoire si inespérée et si complète. Clovis ne méconnut pas le bras tout-puissant à qui il en étoit redevable. Ainsi, après s'être avancé sur les terres des ennemis pour leur imposer la loi, il repassa en diligence dans les Gaules avec son armée victorieuse, afin d'accomplir le vœu solennel qu'il avoit fait. Un saint empressement le porta à se faire instruire de nos mystères, même pendant la marche; il prit pour ce sujet, en passant à Toul, un saint Prêtre, nommé Vaast, qui étoit en grande réputation de vertu. . . . .

On peut juger de la joie que la victoire et la conversion de Clovis donnèrent à Clotilde, par l'amour que cette Princesse portoit à la Religion et au Roi son époux. Ce Monarque, après avoir assemblé ses soldats, leur fit une harangue dans laquelle il leur rappela la glorieuse journée de Tolbiac et le miracle que le Dieu des Chrétiens avoit opéré en leur faveur. Il commença à leur parler de renoncer à de vaines idoles qui n'avoient pu les tirer du péril, pour adorer le Dieu à qui ils devoient la vie et la victoire, lorsqu'il fut tout-à-coup interrompu par les acclamations des François, qui s'écrièrent de toutes parts : « Nous renonçons » aux Dieux mortels, nous sommes prêts à adorer » le vrai Dieu, le Dieu immortel que prêche

« Remi. » Ce seul trait fait bien sentir en quelle vénération ce saint Evêque étoit déjà parmi les François.

Le Roi ayant loué le Seigneur d'un succès qui surpassoit son attente, prit jour avec saint Remi pour recevoir le baptême, et ils convinrent que la cérémonie auroit lieu la veille de Noël, dans l'Eglise de Saint-Martin, hors des portes de la ville de Reims. Ce Prélat fit tendre l'église et le baptistère des plus riches tapisseries; ce saint lieu paroissoit comme embaumé d'une odeur céleste. Les rues et les places publiques furent tendues, et l'on marcha en procession avec les Saints Evangiles et la Croix, depuis le palais du Roi jusqu'à l'église, en chantant des hymnes et des litanies. Saint Remi tenoit le Roi par la main; la Reine suivoit avec les deux princesses sœurs de Clovis, et plus de trois mille hommes de son armée, la plupart officiers que son exemple avoit gagnés à Jésus-Christ. Au milieu de cette auguste pompe, Clovis hors de lui-même, dit au saint Evêque : « *Mon père, est-ce là le Royaume* » *de Jésus-Christ que vous m'aviez promis? Non,* » *mon prince*, répondit-il, *ce n'est que le chemin* « *qui y conduit.* »

Le Roi arrivé au baptistère, demanda le baptême à Saint Remi qui lui dit : « *Prince Sicambre*,

» baissez la tête sous le joug du Seigneur; adorez
» ce que vous avez brûlé, et brûlez ce que vous
» avez adoré. « Ensuite, lui ayant fait confesser la foi de la Trinité, il le baptisa et l'oignit du saint chrême. Les trois mille officiers ou soldats qui l'accompagnoient, sans compter les femmes et les enfants, furent baptisés en même-temps par les évèques et les autres ministres qui s'étoient rendus à Reims pour cette cérémonie.

Clovis ne voulut pas que les réjouissances d'un jour si heureux fussent troublées par les pleurs des malheureux; il fit mettre tous les prisonniers en liberté, et fit de grandes libéralités aux églises. Il porta pendant huit jours l'habit blanc des Néophytes; et comme saint Remi, qui continuoit de l'instruire pendant ce temps-là, lui lisoit un jour la Passion de *Jésus-Christ*, il s'écria dans l'ardeur de son zèle. « *Que n'étois-je là avec mes François*
» *pour le venger!* »

LECTURE DES MAUVAIS LIVRES.

Des écrits dangereux évite la lecture,
En célébrant son culte, ils blessent la nature;
Sur l'aile du Plaisir tu te laisses porter;
Crains de perdre des jours dont tu dois profiter;
Ah! renonce à l'éclat d'une fausse lumière;
Et prends garde aux écueils semés sur ta carrière;
Vois l'insecte brillant qui se brûle au flambeau,
Il cherche la lumière, et trouve son tombeau !
 Mais vous, fiers écrivains, incrédules modernes,
Vous qui, pour ennoblir des talents subalternes,
Chargez d'impiétés votre prose et vos vers,
Parlez : en séduisant le crédule Univers,
En dénouant les nœuds de notre dépendance,
En attaquant des lois l'austère providence,
En éteignant la foudre, en brisant les Autels,
Quel si grand avantage offrez-vous aux mortels?
Sans espoir dans les maux, et sans frein dans le vice,
L'homme ne craindra plus l'éternelle justice;
En sera-t-il meilleur, plus sage, plus heureux?
Le fanatisme impie est-il moins dangereux,
Moins funeste aux Etats, que l'essor du faux zèle?
Verrons-nous, sous vos lois, l'épouse plus fidèle,
Les sujets plus soumis, les rois plus paternels?
Thémis parlera-t-elle aux cœurs des criminels?
Elle n'enchaîne point nos bras dans les ténèbres;
Son glaive ne punit que les crimes célèbres.
L'œil de Dieu, qui toujours nous veille et nous poursuit,
Fait seul trembler la main qui s'arme dans la nuit;
Qui ne craint point l'enfer est maître de ma vie.

LECTURE DES BONS LIVRES.

Que les législateurs de la Philosophie
Choisissent pour instruire un plus heureux moyen :
On respecte la Foi quand on est citoyen.
Corneille, Despréaux, et Racine et Molière,
Eux, qui sur nos esprits répandoient la lumière,
Ont-ils contre le Ciel élevé leurs accents?
Leurs mains chargeoient l'Autel et de fleurs et d'encens;
Animés de l'esprit qu'un Roi prophète inspire,
Pour accorder la harpe ils quittèrent la lyre :
Quiconque a leurs talents et n'écrit pas comme eux,
Pour nous rendre à la fois meilleurs et plus heureux,
Change en poison mortel la céleste ambroisie,
Et corrompt sourdement le sein de la patrie.

LA BIBLE.

Qui n'a relu souvent, qui n'a point admiré
Ce livre par le Ciel aux Hébreux inspiré?
Il charmoit à la fois Bossuet et Racine.
L'un, éloquent vengeur de la cause divine,
Sembloit, en foudroyant des dogmes criminels,
Du haut du Sinaï tonner sur les mortels;
L'autre, de traits plus fiers ornant la tragédie,
Portoit Jérusalem sur la scène agrandie.
Rousseau saisit encor la harpe de Sion,
Et son rhythme pompeux, sa noble expression,
S'éleva quelquefois jusqu'au chant des prophètes.
Suivez tous cet exemple, orateurs et poètes :
L'enthousiasme habite aux rives du Jourdain,
Au sommet du Liban, sous les berceaux d'Eden.
Là, du monde naissant vous suivez les vestiges,

Et vous errez sans cesse au milieu des prodiges.
Dieu parle, l'homme naît; après un court sommeil,
Sa modeste compagne enchante son réveil.
Déjà fuit son bonheur avec son innocence:
Le premier juste expire; ô terreur! ô vengeance!
Un déluge engloutit le monde criminel.
Seule, et se confiant à l'œil de l'Eternel,
L'arche domine en paix les flots du gouffre immense,
Et d'un monde nouveau conserve l'espérance.
 Patriarches fameux, chefs du peuple chéri,
Abraham et Jacob, mon regard attendri
Se plaît à s'égarer sous vos paisibles tentes:
L'Orient montre encor vos traces éclatantes,
Et garde de vos mœurs la simple majesté.
Au tombeau de Rachel, je m'arrête attristé,
Et tout-à-coup son fils vers l'Egypte m'appelle.
Toi qu'envain poursuivit la haine fraternelle,
O Joseph, que de fois se couvrit de nos pleurs
La page attendrissante où vivent tes malheurs!
Tu n'es plus. O revers! près du Nil amenées,
Les fidèles tribus gémissent enchaînées.
Jéhovah les protège, il finira leurs maux.
Quel est ce jeune enfant qui flotte sur les eaux?
C'est lui qui des Hébreux finira l'esclavage.
Fille des Pharaons, courez sur le rivage,
Préparez un abri, loin d'un père cruel,
A ce berceau chargé des destins d'Israël.
La mer s'ouvre: Israël chante sa délivrance.
C'est sur ce haut sommet qu'en un jour d'alliance
Descendit avec pompe, en des torrents de feu,
Le nuage tonnant qui renfermoit un Dieu.
Dirai-je la colonne et lumineuse et sombre,
Et le désert témoin de merveilles sans nombre?
Aux murs de Gabaon le Soleil arrêté?
Ruth, Samson, Débora, la fille de Jephté
Qui s'apprête à la mort, et parmi ses compagnes,

Vierge encor, va deux fois pleurer sur les montagnes?
. . . .
Saül règne; il n'est plus; un berger le remplace :
L'espoir des nations doit sortir de sa race :
Le plus vaillant des Rois du plus sage est suivi.
Accourez, accourez, descendants de Lévi,
Et du temple éternel venez marquer l'enceinte.
 Cependant dix tribus ont fui la Cité sainte.
Je renverse, en passant, les autels des faux Dieux;
Je suis le char d'Elie emporté dans les cieux;
Tobie et Raguel m'invitent à leur table :
J'entends ces hommes Saints, dont la voix redoutable,
Ainsi que le passé, racontoit l'avenir.
Je vois au jour marqué les Empires finir.
Sidon, Reine des eaux, tu n'es donc plus que cendre!
Vers l'Euphrate étonné, quels cris se font entendre?
Toi qui pleurois, assis près d'un fleuve étranger,
Console-toi, Juda; tes destins vont changer.
Regarde cette main vengeresse du crime,
Qui désigne à la mort le tyran qui t'opprime.
Bientôt Jérusalem reverra ses enfants;
Esdras et Machabée, et ses fils triomphants
Raniment de Sion la lumière obscurcie.
Ma course enfin s'arrête au berceau du Messie.

LA VACCINE,

OU LES REGRETS ET LE DÉSESPOIR D'UNE MÈRE.

 C'étoit l'heure où, lassé des longs travaux du jour,
Le laboureur revoit son rustique séjour.
Je visitai des morts la couche triste et sainte;
Une femme apparut vers la funèbre enceinte,
Et, d'un enfant suivie, avec l'ombre du soir,
Sous un jeune cyprès lentement vint s'asseoir.

Parmi les hauts gazons s'élevoient sans culture
Quelques sombres pavots, fleurs de la sépulture;
Son fils, pour les cueillir, un moment s'éloigna :
A toute sa douleur elle s'abandonna;
Mes pleurs interrogeoient sa tristesse mortelle:
« Mon époux n'étoit plus, j'avois deux fils, dit-elle;
» L'un d'eux, mon jeune Edgard, étoit le plus chéri;
» C'étoit mon premier-né, mon lait l'avoit nourri;
» Plus souvent que son frère il cherchoit mes caresses;
» Mais Dieu punit toujours d'inégales tendresses;
» Le fléau destructeur, aux mères si fatal,
» S'étendit par degrés sur le hameau natal;
» Chaque mère implora le secours salutaire
» D'un art encor nouveau, présent de l'Angleterre;
» Le second de mes fils lui-même y fut soumis;
» Prête à livrer Edgard, j'hésitai, je frémis;
» Contre un fer douloureux, sa frayeur indocile
» Dans les bras de sa mère imploroit un asyle :
» J'osai l'y recevoir; j'oubliai ma raison;
» Je l'offris sans défense au funeste poison.
» Edgard en respira la vapeur meurtrière;
» Chaque élan de mon cœur étoit une prière;
» Je le voyois souffrir, languir sur mes genoux,
» Et mon plus jeune fils jouoit auprès de nous.
» Chaque jour, chaque instant redoubloit mes alarmes,
» Je pleurois..... Mon Edgard ne voyoit point mes larmes;
» Déjà le mal impur, sur ses yeux arrêté,
» Cachoit à ses regards sa mère et la clarté;
» Il mourut...... et voilà sa pierre funéraire.
» Ce cyprès est le sien, cet enfant est son frère.
» Nous venons tous les soirs lui porter nos douleurs;
» Nous regardons le Ciel, et nous versons des pleurs.
» Toi, mon dernier enfant, souffre ma plainte amère;
» Le Ciel n'enferme pas tout l'amour de ta mère:
» A vivre loin d'Edgard je puis m'accoutumer;
» Près du cercueil d'Edgard je puis encore aimer. ».........

Prévenez le malheur que ma muse déplore,
Votre jeune famille avec moi vous implore;
Vous, simples villageois, d'éternels préjugés,
De fantômes, d'erreurs, d'ignorance assiégés,
Hâtez-vous, le temps fuit, et l'enfance succombe;
De vos fils au berceau ne creusez pas la tombe;
Et s'il faut quelque jour que vous pleuriez leur mort,
Qu'au moins leur souvenir ne soit pas un remord.
 Et vous qui des Etats portez le poids immense,
Monarques, achevez ce qu'un sage commence!
En veillant sur nos jours, faites chérir vos droits;
Aux bienfaits du génie associez les Rois;
Que, dans chaque cité, le prévoyant hospice
Offre à l'art de JENNER un asyle propice;
Qu'instruit par vos leçons, le Prêtre des hameaux
Décide enfin le pauvre à fuir un de ses maux;
Et que le monstre impur, comme la lèpre immonde,
Avec son masque affreux disparoisse du monde.

Corrections de Fautes assez communes contre les Genres.

Dits au Masculin :

Un abûme profond.
Un grand abreuvoir.
Le premier acte est fini.
Un grand affront.
C'est un grand âge, un bel âge.
Ne mange pas d'ail, il donne une mauvaise haleine.
Cet air est nouveau, l'air est frais, malsain.
De nouveaux allonges.
Voilà de véritable amadou.
Cet amidon est mauvais.
De beaux, d'excellents arcbois.
Un bel arc de triomphe.
Cet arrosoir est trop plein.
Acheter différents articles.
Quels beaux artifices on fait partir !
Employer de vains artifices.
Des articles avantageux.
Ton as est bon, garde-le.
Tout cet attirail est gênant.
Un grand, un bel Autel.
L'Automne dernier a été pluvieux.
Le baromètre est bas.
Un beau, un petit carrosse.
Un centime aplati.
Fumer un cigarre.
Au cimetière commun.
Un éclair affreux.
Un long espace de temps.
De petits échantillons.
Oh ! le bon élixir.
Voilà un grand emplâtre.
Le bel encensoir est cassé.
De gros, de longs épis.

Un superbe équipage.
A l'estaminet lillois, à Paris.
Il demeure au premier étage.
Son brillant équipage.
Le premier Evangile est dit.
Le saint Evangile.
De longs, de brillants exercices.
Un bel exemplaire.
De beaux exemples de piété.
Tous les honnêtes gens.
Tous les honneurs.
Un grand hôtel garni.
Cet hydromel est vieux.
Un incendie effrayant.
Maudit insecte ! il m'a piqué.
Un long intervalle.
Le second inventaire est fait.
Un légume sec, venteux.
De longs et vilains ongles.
Un onguent amollissant.
Quel fort orage !
Un orgue harmonieux.
Le sot orgueil que le tien !
Un orchestre trop bas.
Ce gros orteil, le premier grade.
Un fâcheux oubli.
Tous ces beaux ouvrages.
Ce beau parafe.
Lancer un pétard.
De violents reproches.
Courir de grands risques.
Un grand squelette ambulant.
Je suis monté au télégraphe.
Un bel uniforme.
Tous les vieux ustensiles, etc. etc.

Dites au Féminin :

Une agrafe délicate.
Une alcove jolie, bien peinte.
Une belle antichambre.
Il a lu toute l'après-dînée.
Une triste après-soupée.
Cette arcade est trop haute.
L'Arche Sainte.
Une atmosphère épaisse.
De la batiste solide.
Je serai ta caution.
J'ai une grosse dent gâtée.
Une écumoire trop plate.
Une double enveloppe.
Une grande envie de rire.
Une épée courte, tranchante.
Notre Esplanade est belle.
Une exemple bien écrite.
Cette giroflée languit.
De la glaire d'œuf.

Toutes les vieilles gens.
Une horloge curieuse.
Les idoles trompeuses.
Faire une grande insulte.
De la jujube excellente.
Décrire une losange.
Une offre très-avantageuse.
La belle orge que tu vends.
Des orgues harmonieuses.
Une ouïe fine, une belle optique.
De la percalle, de la potasse.
De la réglisse, de la sandaraque.
Une sentinelle, de la thériaque.
Une vedette, une vipère, &c. &c.

FIN.

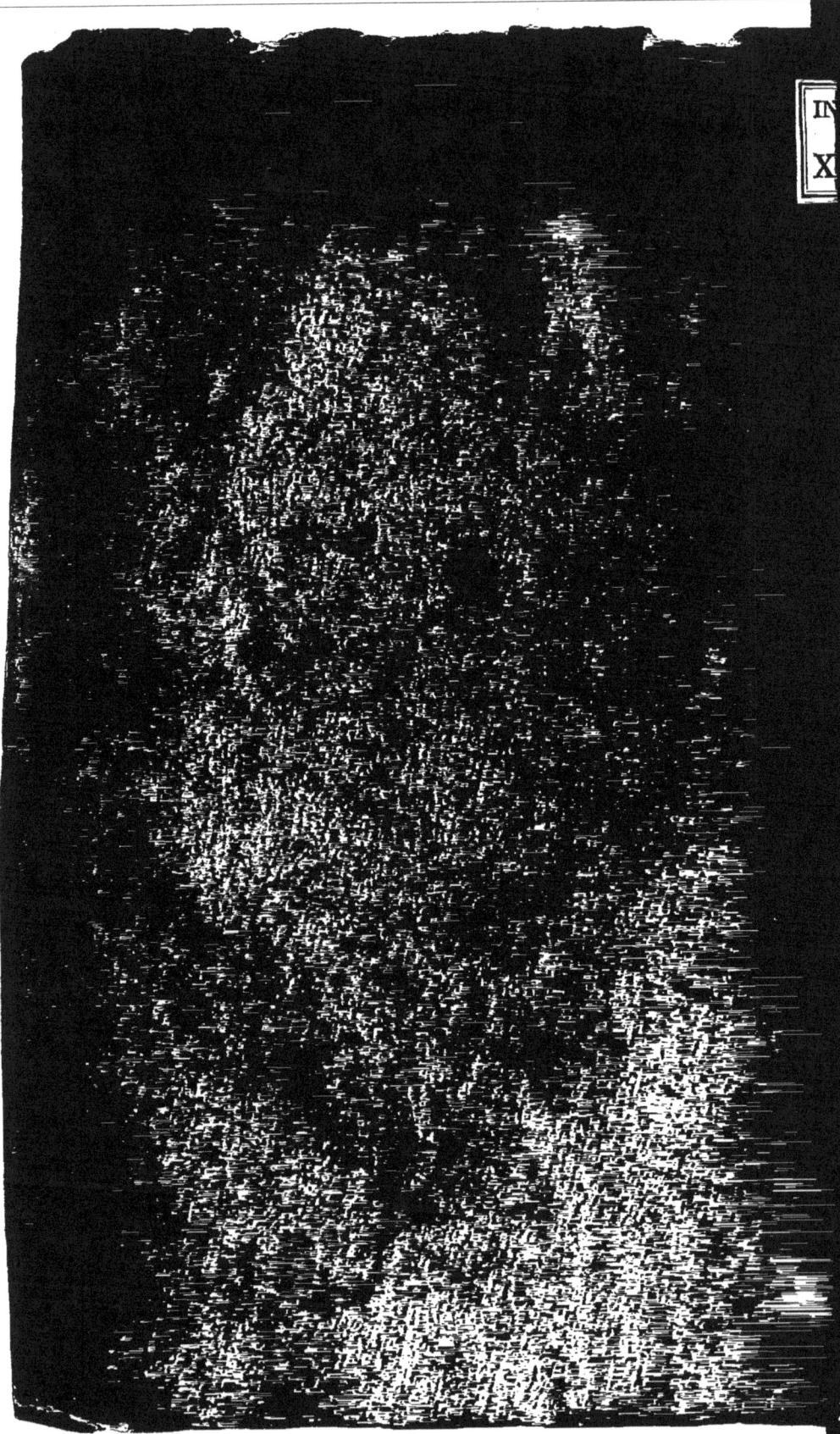